T0243642

EN SINTONÍA

LA PRÁCTICA DE LA INTERDEPENDENCIA PARA SANAR NUESTRO TRAUMA Y NUESTRO MUNDO

THOMAS HÜBL

Título: En sintonía
Subtítulo: La práctica de la interdependencia para sanar nuestro trauma y nuestro mundo
Autor: Thomas Hübl

Título original: Attuned
Copyright © 2023 Thomas Hübl
Esta traducción se publica mediante licencia exclusiva de "Sounds True, Inc."

Primera edición en España, febrero de 2024.

© para la edición en España, El Grano de Mostaza Ediciones
Traducción: Miguel Iribarren

Impreso en España
ISBN PAPEL: 978-84-127974-0-4
ISBN EBOOK: 978-84-127974-1-1
DL: B 21619-2023

El Grano de Mostaza Ediciones, S.L.
Carrer de Balmes 394, principal primera
08022 Barcelona, Spain
www.elgranodemostaza.com

EN SINTONÍA

LA PRÁCTICA DE LA INTERDEPENDENCIA PARA SANAR NUESTRO TRAUMA Y NUESTRO MUNDO

THOMAS HÜBL

Elogios que se han dedicado a *En sintonía*

Inspirador e informativo. *En sintonía,* de Thomas Hübl, nos lleva a realizar un viaje a través de la ciencia de la conexión y las exploraciones místicas, haciendo que los hilos de nuestra vida en tiempo y espacio, a menudo invisibles, se hagan visibles ante nosotros.

Daniel J. Siegel
Autor de los superventas del New York Times
IntraConected, Aware y *Mind.*

Thomas Hübl nos invita a participar en una experiencia de interdependencia... y nos ayuda a despertar el coraje y la sabiduría que necesitamos para llevar sanación a nuestro traumatizado mundo.

Tara Brach
Autora de *Radical Acceptance* y *Trusting the Gold*

En sintonía es indispensable para quienes quieran cultivar una profunda y duradera conectividad con la paradoja y la complejidad de su experiencia interna, de modo que conecten con los superpoderes de que cada ser humano dispone para curarse a sí mismo, sus relaciones y, por lo tanto, el mundo.

Sara King
Neurocientífica, directora y fundadora de
MindHeart Consulting

Aquí hay buena medicina, comprensión sabia y una visión para la transformación del corazón y de la cultura.

Jack Kornfield
Autor de *Un camino con corazón*

En este trabajo seminal, Thomas Hübl va más allá del trauma como herida individual para abarcar el daño relacional colectivo que debemos abordar para poder sanar las heridas de la psique colectiva, de nuestras relaciones, de la sociedad y, en último término, de la comunidad mundial. En sus palabras: "Que nos honremos unos a otros [...] y que enriquezcamos el terreno colectivo para que en el futuro puedan florecer todos los seres conscientes". Por favor, lee y siéntete enriquecido por este poderoso trabajo, y que cada uno de nosotros podamos llevar adelante esta curación a nuestra manera.

Peter A. Levine
Autor de *Curar el trauma* y *En una voz no hablada*

Thomas Hübl es un verdadero visionario y ha producido esta guía imprescindible para la inteligencia relacional y la curación del trauma personal y generacional. ¡Un logro magistral!

Diane Poole Heller
Creadora de DARe – Dynamic Attachment Re-patterning experience, autora de *El poder del apego* y
Healing Your Attachment Wounds

Con la elocuencia de un poeta y la mente de un científico, Thomas Hübl describe su aproximación mística a la transformación que ha ayudado a tantos. Su aplicación de la conciencia sintonizada y de la resonancia con los campos relacionales traumatizados ofrece una nueva esperanza para la curación colectiva de los grandes sistemas influyentes, así como de los individuos, que resulta inspiradora.

Richard C. Schwartz
Creador de Internal Family Systems, y autor de *No hay partes malas* y *You Are the One You've Been Waiting For*

Thomas Hübl no solo es un visionario, sino también el líder que tan desesperadamente necesitamos. Como una conversación íntima con un místico de nuestra era moderna, este libro te invita a contemplar tu paisaje interno en su relación con el mundo que compartimos. Dentro de estas páginas se te invita a explorar los reinos interpersonal y transpersonal, y también a tomar tierra a nivel celular y energético. Este camino de la espiritualidad encarnada reconoce que sintonizarse con los cambios sutiles que se producen internamente permite expandir el tejido social que compartimos para beneficio del colectivo. Este es el libro que estábamos esperando.

Arielle Schwartz
Psicóloga clínica y autora de *The Complex PTSD Wookbook* y *The Post-traumatic Growth Guidbook*

Hay algo riguroso, serio y conmovedoramente bondadoso en el amable acercamiento de Thomas Hübl al trauma y a cómo podemos abordarlo. Este libro exhibe una generosidad preciosa a la que es difícil dar la espalda. Todavía mejor, siéntelo.

Bayo Akomolafe
Autor de *These Wilds Beyond Our Fences*

En *En sintonía,* Thomas Hübl articula con brillantez el profundo mensaje de que la esencia de la humanidad está vinculada a una necesidad innata y universal de conectar con los demás y con la naturaleza. En este libro se nos avisa de las consecuencias positivas y optimistas de escuchar este mensaje, y de las duras consecuencias de ignorar las señales que activan nuestra necesidad de conectar.

Stephen Porges
Distinguido científico de la Universidad de Indiana, profesor de psiquiatría de la Universidad de Carolina del Norte y autor de *La teoría polivagal.*

Thomas Hübl ha vuelto a hacerlo: ha escrito un texto incisivo que nos invita a desarrollar una de las habilidades evolutivas más importantes que necesitamos urgentemente en este momento histórico. Este libro declara que la práctica de la interdependencia a través de distintos niveles de sintonía puede despertar profundos *niveles* de curación y reforzar el compromiso con nuestro florecimiento colectivo. Estoy totalmente abierto a esta invitación.

Angel Acosta
Consultor principal de Acosta Consulting

En último término no estamos solos ni separados. Considera la idea de que todo lo que hacemos afecta a las siete generaciones siguientes, y date cuenta de que nos están afectando las siete generaciones anteriores. Esta es una de las razones para leer el nuevo libro de Thomas Hübl, *En sintonía*, en el que nos ofrece maneras pragmáticas de ayudar a sanar el trauma de este mundo. No podemos hacerlo solos, y nunca es demasiado tarde para empezar con esta guía práctica.

Sharon Salzberg
Autora de *Lovingkindness* y *Real Life*

Thomas Hübl hace algo más que reemplazar nuestras actuales ilusiones de control e individualismo por un paradigma iluminado de interconexión: nos enseña a vivirlo en nuestro cuerpo, con las personas que amamos, en la naturaleza, con el Espíritu. *En sintonía* ofrece un mapa y una caja de herramientas práctica. Podría ser el camino para ir más allá del lío en el que todos nos encontramos, el urgente paso siguiente de nuestro desarrollo evolutivo. Es simplemente uno de los libros más esperanzadores e importantes que he leído en décadas.

Terrence Real
Autor de *Us*, superventas del *New York Times*

A nuestra humanidad. Que nos honremos los unos a los otros y sanemos nuestras heridas relacionales, enriqueciendo el terreno colectivo para el futuro florecimiento de todos los seres sensibles.

Y a mi amada esposa, Yehudit, y a mi hija, Eliya, cuyo amor y generosidad sustentan las bases de mi trabajo.

ÍNDICE

INTRODUCCIÓN

Esta es una época oscura, llena de sufrimiento e incertidumbre. Como células vivas de un cuerpo más grande, es natural que sintamos el trauma de nuestro mundo. Así que no receles de la angustia que sientes, ni del enfado o del miedo, porque estas respuestas surgen de la profundidad de tu preocupación y de la verdad de tu interconexión con todos los seres.

—JOANNA MACY y SAM MOWE

Vivimos tiempos difíciles. En todo el mundo, las naciones están teñidas por un rencor y una hostilidad cada vez mayores. En un contexto de creciente autoritarismo político, se perfila un cuadro agudo de progresiva división y malestar cívico. Incluso las democracias de larga tradición se muestran vulnerables a las amenazas o a la disolución. Los conflictos políticos, raciales, étnicos, religiosos y sectarios vuelven a librarse o se reanudan, mientras que el comercio mundial de armas, los cárteles regionales de la droga y todas las plataformas de la delincuencia organizada local e internacional siguen obteniendo beneficios. Refugiados de guerra, emigrantes climáticos y viajeros cansados de todo tipo se enfrentan a persecuciones abiertas e indignidades ocultas. En muchos lugares, los pobres son cada vez más pobres, mientras que los pueblos indígenas experimentan una represión y denigración continuas, cuando no un exterminio prolongado. Una vez más, las tierras tribales son robadas, ocupadas o saqueadas; los ritos ancestrales son profanados, y sus formas de vida, deshonradas; y a los ancestros se les falta al respeto o se les olvida, todo ello mientras los bosques que dan vida a nuestro planeta arden sin paliativos, y sus ríos y océanos se tornan cada vez más tóxicos. Las personas traumatizadas conviven sobre paisajes traumatizados.

Pero estas realidades, por duras que sean, no tienen por qué interpretarse como señales de un apocalipsis seguro. Pertenecemos a un sistema planetario vivo —un cosmos viviente y próspero— que se autoorganiza y se cura a sí mismo. Los seres humanos no estamos al margen de la naturaleza; somos parte de ella. Independientemente de la condición actual de la humanidad, nunca estamos verdaderamente separados ni somos únicamente individuos; somos miembros de un todo radical que evoluciona conjuntamente. Somos perlas de la red de Indra, pertenecemos y surgimos del "gran entramado distributivo",[1] la elegante red cósmica de interdependencia causal.

Pensemos en esto: la delicadísima harina de agua, una planta acuática con flores, más pequeña que un grano de arroz, carece de raíces y flota libremente. Sin embargo, puede localizar y conectarse con miles de plantas de su misma especie, así como con diminutas plantas de otras especies, para formar alfombras que sostienen la vida en la superficie de un plácido estanque de patos. Y en esto otro: la simple y humilde seta, que envía sus delicadas fibras —micelio— a las profundidades de la tierra en un amplio radio con forma de arco. Al lanzar su red de estos pequeños filamentos, la seta se vincula con las raíces de otras plantas, árboles y con otras setas cercanas, y en este proceso conecta a cada uno de ellos con los demás.

Este "Internet" orgánico constituye un mecanismo simbiótico de comunicación, localización de agua, intercambio de nutrientes y defensa mutua contra infecciones, infestaciones y enfermedades. La presencia de micelios fúngicos permite a los árboles cercanos comunicarse a distancia, alertando a otros árboles, incluso de especies diferentes, de la presencia de insectos invasores para que puedan producir defensas bioquímicas repelentes. De forma casi mágica, los árboles utilizan los micelios para transferir nitrógeno, carbono y fósforo, que son esenciales para mantener no solo su vida y su salud, sino todo el ecosistema local de plantas, insectos, animales e incluso seres humanos.

Quizá lo más sorprendente es que los micelios han demostrado ser remedios naturales baratos, abundantes y potentes para muchos tipos de toxinas que quedan en el suelo y en las aguas residuales: metales pesados, combustibles derivados del petróleo, pesticidas, herbicidas, productos farmacéuticos, productos de cuidado personal, tintes e incluso plásticos.[2] Los micelios de los hongos descomponen de manera natural los contaminantes, creando una tierra y un agua más limpias, seguras y *saludables*.

Si una forma de vida del tamaño de la cabeza de un alfiler —la harina de agua— u otra tan aparentemente simple como una seta pueden conectar con otras especies para hacer alguna de estas cosas o todas ellas —autoorganizarse, conectarse, comunicarse, ayudar, proteger, defender, curar y *restaurar*—, ¿por qué no podríamos hacerlo los humanos? Al fin y al cabo, nosotros también pertenecemos a la naturaleza. Tal vez estemos imbuidos de cada una de estas cualidades —y de muchas más—: son características incorporadas de lo que significa estar vivo en este planeta particular, orbitando esta estrella particular, en esta galaxia particular. Tal vez la interdependencia inteligente sea nuestra dotación natural, incluso una dotación sagrada, en la que podemos apoyarnos para mejorar y fortalecernos al servicio de nuestra propia especie y de todas las demás.

Después de todo, la negativa a honrar nuestra interdependencia y a mantener relaciones sanas y continuas ha sido causa de un sufrimiento interminable. Si el reto subyacente del cambio climático —o de cualquier otro problema social perverso o sistémico— puede atribuirse a la desvinculación humana —un estado de *no estar en concordancia* con la naturaleza, con nosotros mismos y con otros seres humanos—, propongo que se trata de un problema fundamentalmente *espiritual*, tanto como medioambiental, científico, tecnológico, cultural, psicológico, económico o histórico. Para dar una respuesta adecuada o suficientemente innovadora al desafío, debemos pensar de forma holística. Es hora de tender un puente entre Oriente y Occidente, de unir la sabiduría de nuestras antiguas tradiciones espirituales con las revelaciones de la ciencia contemporánea. Al aportar el poder del conocimiento científico a nuestra comprensión de los males sociales modernos, podemos ampliar nuestra capacidad de integrar esa información con las ricas prácticas del despertar de la conciencia que ofrecen las tradiciones místicas de nuestro mundo. Así podemos seguir despertando y desarrollando nuestros dones biológicos intrínsecos: los poderes de autoorganizarnos, conectar, comunicar, ayudar, proteger, sanar y restaurar.

Y más.

Tal vez, en lugar de limitarnos a seguir vivos en una época de declive exponencial e imparable, descubramos el poder de despertar y activar nuevos dones evolutivos más elevados. No obstante, para lograr cualquiera de estas cosas, creo que debemos hacerlas juntos: no por separado, sino en relación.

En su libro de 1997, *God's Ecstasy: The Creation of a Self-Creating World* (*El éxtasis de Dios: la creación de un mundo que se crea a sí mismo*), la matemática, filósofa y teóloga contemplativa Beatrice Bruteau describía el orden divino del cosmos. Es lo que ella ve como la impronta original de la creación: una expresión de "unidad simbiótica"[3] —un patrón observado en los micelios fúngicos—. La escritora, teóloga y pastora episcopaliana Cynthia Bourgeault ha denominado a esta cualidad "reciprocidad holográfica", en la que "el todo y la parte existen en una unidad interhabitada". "El todo —escribe Bourgeault—, no es una sustancia, sino un *campo de acción* generado por el intercambio dinámico e incesante de lo que el sacerdote católico catalán y defensor de la interconfesionalidad, Raimon Panikkar, describe como "relacionalidad pura".[4]

En el siglo XII, Hildegarda de Bingen, la abadesa benedictina alemana y visionaria mística, escribió: "Oh, Espíritu Santo, tú eres la poderosa vía por la que todo lo que hay en los cielos, en la tierra y bajo la tierra está penetrado por la conexión, penetrado por la relación".[5] Más de ocho siglos después, Thomas Berry captó lo mismo: «El universo es una comunión de sujetos, más que una colección de objetos".[6]

Estos pensadores articularon una visión profundamente mística de la naturaleza de la realidad. Cuando se combina con la naturaleza íntimamente relacional del universo cuántico o, como lo definió el físico teórico John Wheeler, el "universo participativo", llegamos a ontologías fundamentalmente compatibles.

Brigid Brophy, novelista y reformadora social, escribió en 1968 sobre el extraño e incomparable genio del ilustrador inglés del siglo XIX Aubrey Beardsley. Comentando el talento único de Beardsley, Brophy escribió: "[...] no dramatiza las relaciones entre personalidades, sino la esencia pura y geométrica de la relación".[7] Y ese es precisamente nuestro objetivo: *la esencia pura y geométrica de la relación.*

Como el destilado alquímico más refinado o algún código fuente primario, la arquitectura de la verdadera conexión humana de algún modo incluye, pero trasciende, lo personal; la interdependencia es a la vez profundamente íntima y totalmente universal. Los momentos de relación pura nos llegan a la raíz, tocando lo que realmente somos, al tiempo que elevan lo que podemos llegar a ser. La geometría sagrada de la interrelación activa es a la vez un portal a todo lo que hemos sido alguna vez, individual y ancestralmente, y una puerta al gran potencial futuro de nuestra especie. Situar este futuro experiencialmente es un acto sagrado de comunión y un rito natural de "unidad simbiótica".

Estas cosas no deben tomarse como ideales al estilo de Poliana. Para llegar incluso al destello más lejano del filo distante de nuestro devenir, hemos atravesado una noche oscura histórica. Nos hemos enfrentado cara a cara con el abismo y, en él, ahora debemos reconocer la posibilidad de nuestra propia extinción. Para sobrevivir, y mucho más para florecer, debemos tomar conciencia de nuestra interdependencia esencial y despertar a nuevas formas de relación vibrante y sostenida.

He asumido una vocación en torno a la práctica espiritual, dedicando mi vida y mi trabajo a lo que yo llamo la *ciencia interna de la conciencia*. El territorio de la conciencia puede explorarse y comprenderse a través de prácticas como la meditación, el estudio, la oración, el movimiento, la quietud y la contemplación de uno mismo y de la naturaleza, así como en la contemplación de las dinámicas relacionales que existen entre nosotros y los demás en el curso ordinario de la vida moderna —o lo que yo llamo el *mercado*—. En mis años de práctica personal y facilitación profesional, he contemplado las muchas y profundas maneras en que estas prácticas nos hacen crecer y evolucionar, enriqueciendo nuestras vidas y avivando nuestro entendimiento. Y lo que más me ha cautivado es el traslúcido poder que tienen las prácticas relacionales para transformarnos.

En la primera parte de este libro, propongo una práctica básica de conciencia a la que denomino *comunicación transparente*. Esta práctica no solo pretende mejorar nuestras habilidades comunicativas, aunque también lo hace. Como ejercicio contemplativo, la comunicación transparente está diseñada para llevarnos más profundamente a la pura relacionalidad. Como herramienta práctica, el trabajo amplía nuestro sentido de la relación con uno mismo, cohesiona nuestro sentido de conexión y unidad con los demás, y potencia nuestra forma de existir en familia y en comunidad. Incluso puede mejorar nuestra forma de participar en la cultura y de cocrearla al llevarnos a un mayor nivel de conciencia y compromiso social, que es la base de las democracias resilientes. De hecho, el propósito de la comunicación transparente es profundizar en nuestra relación con la vida misma.

En la segunda parte de este libro, aplicaremos lo esencial de la comunicación transparente al contexto terapéutico para lograr la sanación individual, ancestral y colectiva. La comunicación transparente no es una práctica aislada y exclusiva de las relaciones personales, sino que se encuentra en el corazón de las relaciones conscientes: con nosotros mismos, en nuestras familias, con nuestros antepasados y unos con otros en grupos cada vez mayores.

En los momentos más difíciles de la vida moderna, nuestra capacidad de ser conscientes a menudo queda constreñida y limitada. En momentos de dificultad y estrés, tendemos a perder la percepción del campo más amplio, ya que nuestra conciencia se concentra en nosotros mismos. Nos enfocamos intensamente en nosotros mismos por defecto. En consecuencia, estamos menos disponibles; perdemos acceso a los recursos que nos permiten sentir con y por los demás. Tanto si nos encontramos en medio de desacuerdos familiares o sentimentales, como si estamos inmersos en un conflicto laboral, la sensación de separación se acentúa y nos resulta difícil estar presentes. Esto no es malo; es simplemente una función evolutiva que favorece la supervivencia, una adaptación a lo que es útil para nuestra biología.

Llevamos estos antiguos patrones de supervivencia en lo profundo de nuestro sistema nervioso; la mayoría de ellos tienen millones de años y los hemos heredado de nuestros antepasados mamíferos. Por otra parte, la comunicación transparente nos ofrece una apertura evolutiva a la conciencia. Junto a otras prácticas similares, llega en un momento de profunda división y lucha global ofreciéndonos herramientas para sortear mejor las dificultades, potenciar nuestra disponibilidad para estar presentes y expandir nuestra conciencia para incluir el espacio, la energía y las estructuras sutiles que operan dentro de nosotros y a nuestro alrededor.

Este *campo relacional* es una vasta matriz de energía —información en movimiento— que existe dentro de nosotros, a nuestro alrededor y entre nosotros. La comunicación transparente nos ayuda a dar testimonio de este campo. Se trata del *"proceso de relacionarse"* más que de la relación. Es un verbo, no un sustantivo; un proceso, no una cosa. Cuanto más practicamos, más aumenta nuestra conciencia, lo que nos permite empezar a observar y distinguir no solo los aspectos del campo relacional que son fluidos y claros, sino también los que están rígidos, congelados, atascados, disociados y en la sombra. Así aprendemos a percibir el impacto del trauma individual y colectivo en el campo. El efecto de la comunicación transparente es la capacidad de iluminar ese campo, infundiendo en sus pasillos e intersticios la luz y la lucidez de la conciencia, para llevar curación y reparación al colectivo.

Cuando hablo a mis grupos o ante el público en un evento, no basta con que me presente sabiendo lo que quiero decir. Para ser eficaz, debo estar en diálogo con la totalidad y, por lo tanto, ser consciente del grupo o del público como un sistema dinámico. No basta con darme cuenta de lo que me ocurre a mí; debo ser capaz de sentir con precisión las necesidades de mis oyentes y adaptarme a ellas. Tengo que percibir claramente el grado de disponibilidad y curiosidad de mis participantes. También necesito percibir si me están escuchando y recibiendo, cuándo lo hacen, o qué otras cosas podrían ser necesarias o estar presentes. La clarificación de la matriz relacional viene acompañada de una expansión de conciencia y ofrece una aceleración de nuestra entrada en relación. Esto está en la vanguardia de la comunicación y del liderazgo, y requiere una conciencia más profunda del espacio intersubjetivo por parte de todos.

A lo largo de este libro encontrarás una exploración de teorías místicas y científicas, junto con oportunidades para practicar la contemplación guiada. Una práctica comprometida con cualquier proyecto artístico o de otro tipo acaba ofreciéndonos competencia, quizás incluso excelencia. Como práctica contemplativa comprometida, el arte de la comunicación transparente no es diferente. La dedicación se premia con la maestría.

Podemos convertir nuestra vida diaria en una práctica profunda y constante para acceder a las habilidades relacionales más elevadas, trabajando para dominar nuestra capacidad de:

- Abrazar las cualidades de quietud y movimiento.
- Reconocer las funciones y formas de la percepción.
- Trascender los hábitos anticuados.
- Iluminar el campo relacional, llenándolo de conciencia.
- Aprender las artes de la sintonización, la sensibilidad y la presencia.

Afrontar la complejidad, la incertidumbre, la volatilidad y la ambigüedad de nuestro tiempo con sabiduría requiere un alineamiento más claro, una coherencia más profunda y una conexión más verdadera con nosotros mismos, con los demás, con la naturaleza y con el cosmos. Para preparar el camino, debemos estudiar y practicar. Ofrezco el presente libro como un servicio a este camino.

PRIMERA PARTE

En la primera parte de este libro, exploraremos los principios místicos que subyacen al desarrollo humano y a la conexión entre seres humanos: veremos cómo cada alma se encarna y crece mediante la expresión de la voluntad, y con el apoyo de cuidadores y seres queridos que están presentes y sintonizados. Este crecimiento está dirigido siempre hacia adelante por los impulsos universales del ser y el devenir, de la autonomía y la pertenencia —el lastre y la vela—, que ofrecen estabilidad y dirección. En el centro de dichos impulsos está el fulcro de la relación: en la historia humana, casi todo depende de la cualidad de nuestras mutuas conexiones.

Así pues, en un libro sobre la sintonía, la conexión y el despertar a la interdependencia, debemos enfrentarnos necesariamente a los obstáculos, al efecto inhibidor de los traumas no contemplados ni curados que se han producido en nuestro proceso de desarrollo, y a su impacto, que fractura nuestra capacidad de relacionarnos con nosotros mismos y con los demás. Sin embargo, como suele decirse, la medicina está en la propia herida. Aunque el trauma perturba el acto de relacionarse, la sintonización consciente puede ayudarnos a crear coherencia interna y externa, a regular conscientemente el sistema nervioso, a procesar el estrés tóxico y a sentirnos más encarnados y conectados con los demás. Las prácticas de sintonización son herramientas curativas para lidiar con los efectos del trauma —tanto en las personas como en las comunidades— y la comunicación transparente es una de estas prácticas.

1

ANTIGUOS PRINCIPIOS, COMPRENSIONES EVOLUTIVAS

El universo y el observador existen en pareja. No puedo imaginar una teoría coherente del universo que ignore la conciencia.

—ANDRÉI LINDE

El cuidado del alma comienza con la observación de cómo se manifiesta y cómo funciona.

—THOMAS MOORE

El famoso físico John Wheeler dijo una vez: "Ningún fenómeno es un fenómeno real a menos que sea observado".[1] No estaba siendo impertinente; lo decía literalmente. Por supuesto, la extraña observación de Wheeler no fue recibida de inmediato con un aplauso universal. Las ideas verdaderamente radicales suelen ser difíciles de asimilar, y un orden imperante tarda tiempo en dar paso al siguiente.

En la física clásica, los objetos existen. Planetas, asteroides y moléculas tienen propiedades establecidas y características discernibles, y en general actúan como se espera de ellos. Si un árbol clásico cae en un bosque y no hay nadie que lo oiga caer, al árbol no le importa; produce un alboroto de ondas sonoras cuando golpea el suelo. Pero en el extraño mundo de la mecánica cuántica, nuestro "árbol" es una partícula subatómica y, paradójicamente, *una partícula es una onda que es una partícula*: la partícula/onda existe a la vez en todas partes y en ninguna, por así decirlo, como un fenómeno probabilístico. Y lo que es aún más extraño, un árbol cuántico solo viene a la existencia como una entidad discreta con características discernibles, una ubicación y un comportamiento cuando hay alguien que observa sus esfuerzos, es decir, ni siquiera *aparece* en el bosque hasta que alguien está presente para oírlo caer.

De acuerdo con la nueva historia cuántica —tal como la describe John Wheeler—, la conciencia es necesaria para que algo, cualquier cosa, ocurra en absoluto. Extraño, ciertamente. "Cuanto más miramos fijamente al espacio —escribe el científico Robert Lanza— más nos damos cuenta de que la naturaleza del universo no puede comprenderse plenamente inspeccionando galaxias espirales u observando supernovas lejanas. Es más profunda. Nos involucra a nosotros mismos".[2]

Después de que la Ilustración se pusiera en marcha —en algún momento entre René Descartes y Werner Heisenberg—, los físicos y la mayoría de las personas racionales aceptaron lo que se ha convertido en la creencia predominante: que el nuestro es un universo objetivo, material e insensible, que existe "ahí fuera". Los expertos suponían que, de algún modo, el gran cosmos físico estalló a la existencia y avanzó pesadamente de forma más o menos constante durante miles de millones de años antes de que algo parecido al trilobites, al dinosaurio, al lobo o al ser humano lo llamara hogar. Esta es la historia cosmológica general que ahora, en gran medida, se da por sentada. En cinco pasos muy abreviados, la historia es más o menos así:

1. Primero, por algún accidente desconocido, aparecieron *cosas*, como estrellas, gases, rocas, minerales y montañas.
2. Mucho más tarde, y de forma igualmente inexplicable, apareció la *vida*. Al principio, la vida era terriblemente

simple, aunque no por ello menos extraña, dado el orden de las cosas inanimadas.

3. Poco a poco, inadvertidamente, la vida se fue haciendo más compleja a través de muchas mutaciones aleatorias. Aprendió a consumir la luz del sol y extendió una alfombra verde por todo el planeta: musgos, helechos, flores, árboles, etcétera.

4. Más adelante, después de que la vida hubiera mutado *mucho* más, se las arregló para volverse mucho más compleja, dando lugar al sistema nervioso, las vértebras, las plumas, el pelo, etcétera. Y, ya fuera simple o compleja, el objetivo primordial de la vida era sobrevivir el tiempo suficiente para conseguir reproducirse y transmitir así sus genes a la posteridad.

5. Todo esto continuó a buen ritmo hasta que, de nuevo, la vida se hizo más compleja y, ¡bum!, de repente caminaba sobre dos piernas, jugaba con fuego, plantaba cosechas, hacía la guerra, construía ciudades-estado y se autoimponía intrincadas prácticas religiosas —de nuevo, para la posteridad—. Antes de que nos diéramos cuenta, la vida había circunnavegado el globo, tendido líneas de ferrocarril y autopistas, enviado sondas al espacio exterior, y también había creado Internet y navegado por él. Y ahora la vida está ocupada en crear recetas para la vida *artificial*.

Por supuesto, es imposible describir esta increíble cosmología en tan pocas palabras. Baste decir que, justo cuando la humanidad empezaba a comprender el universo material —el mundo de los cuerpos, los planetas y las bolas de jugar a los bolos— y sus arrolladores procesos evolutivos, empezó a surgir otro reconocimiento radical sobre la naturaleza de casi todo.

Cada época tiene su Copérnico, su Galileo: alguien lo bastante bribón como para coger el libro de *Esto es lo que sabemos que es absolutamente cierto* y arrojarlo directamente a la hoguera más cercana —o, como mínimo, empezar a escribir un nuevo y audaz capítulo—. Así ocurrió en 1927, cuando dos físicos estadounidenses, Clinton Davisson y Lester Germer, sacudieron el paradigma científico imperante. Con su ya famoso experimento de la doble rendija, Davisson y Germer demostraron sin lugar a dudas la importancia de un observador —o, si se quiere, de la conciencia— con relación al estado de las cosas. Su experimento demostró repetidamente que, cuando alguien presta atención mientras una partícula subatómica o un cuanto de luz es disparado en la dirección de dos rendijas paralelas, la partícula hace precisamente lo que cabría esperar. Parece pasar a través de una rendija o de la otra e impacta contra la superficie o la pared que está detrás, como una bala ordinaria o una pelota de béisbol. Pero si nadie está mirando cuando se dispara la partícula, esta se comporta como una onda, representando todas las probabilidades y pasando misteriosamente a través de ambas rendijas a la vez.

A finales del siglo XX, otro transformador de paradigmas que trabajaba en la Universidad de Ginebra dio un nuevo giro a la historia, alterando para siempre lo que colectivamente llamamos *realidad*. En 1997, el físico Nicolas Gisin realizó un experimento radical, demostrando una teoría que ni siquiera Einstein había sido capaz de comprender. En sus experimentos, Gisin consiguió separar dos fotones entrelazados —partículas de luz— a una distancia de 11 kilómetros, enviando cada uno de ellos en direcciones opuestas a lo largo de una fibra óptica. Cuando un fotón de este par chocaba con un espejo bidireccional, los detectores de partículas registraban si lo atravesaba aleatoriamente o si rebotaba. Y lo que partió el mundo en dos: cualquiera que fuera la acción del protón, su gemelo entrelazado realizaba, simultáneamente y con precisión, la acción complementaria a once kilómetros de distancia. ¡Espeluznante! Era como si estos fotones entrelazados se hubieran comunicado instantáneamente entre sí a distancia.[3] Ahora bien, no es necesariamente cierto que un mensaje "viaja" de aquí hasta allá más rápido que la velocidad de la luz. Es más bien que la separación espacial newtoniana —las condiciones en el reino macro— no parece impedir la relacionalidad cuántica —condiciones en el reino micro—.

En los años transcurridos desde entonces, el experimento de Gisin se ha reproducido con éxito, demostrando una de las teorías más extrañas surgidas de la mecánica cuántica. Su principal revelación es: tanto si las partículas entrelazadas están separadas por una distancia de 11 kilómetros como por varias galaxias, nunca están realmente separadas. De hecho, Gisin y otros ahora creen que la comunicación cuántica que se produce en el entrelazamiento también puede estar presente en objetos a escala macroscópica,[4] potencialmente incluso en aquellos objetos visibles a simple vista.

En la era cuántica, estamos llegando colectivamente a una comprensión totalmente extraña, aunque el Buda Gautama ya la conjeturó hace unos 2.400 años: gran parte de la naturaleza de la realidad depende de la conciencia. La naturaleza y la conciencia son correlativas, interdependientes y *relacionales*. Y el observador está fundamentalmente entrelazado con el universo del que es testigo.

Por lo tanto, si tenemos alguna esperanza de construir un mundo mejor, debemos dirigir nuestra atención a la esencia del observador y echar un vistazo a la conciencia misma. Lo que sigue es una exploración de los principios místicos en los que se basan las sorprendentes comprensiones de la ciencia cuántica, principios que han estado con nosotros durante milenios.

LOS PRINCIPIOS MÍSTICOS

A lo largo del tiempo y en múltiples culturas, las grandes tradiciones místicas del mundo han apuntado una y otra vez a un conjunto de comprensiones básicas y universales. Al estudiar las tradiciones yóguicas del hinduismo, el sufismo del islam místico, el vajrayana y otras ramas del budismo, las escuelas cabalísticas del judaísmo o las tradiciones contemplativas del cristianismo místico, uno se encuentra con un conjunto recurrente de verdades esenciales. Entre ellas se encuentran los principios que describen las principales cualidades de la existencia: la quietud, el movimiento y la conciencia.

El principio de quietud puede hallarse a través del aquietamiento de la mente. Cuando practicamos la quietud, puede surgir un profundo sentimiento de espaciosidad interna. Esta espaciosidad es el primer nivel de la quietud. A través de este espacio podemos caer en las profundidades de la quietud sin forma, la conciencia causal, el vacío, la "talidad"[*] o la nada.

La conexión con una mayor quietud amplía la sensación de disponibilidad y proporciona una presencia más profunda y despierta. Con la práctica, la experiencia de la quietud, la espaciosidad y la presencia se profundizan, permitiéndote ser el testigo consciente de tu proceso diario. Todas las prácticas contemplativas son una guía para aumentar nuestra conciencia, ya que existen muchas cosas que están ocultas o fuera del alcance de la percepción ordinaria.

En el yoga, la asana de *Savasana*, o postura del cadáver, es básicamente una práctica de quietud. Tumbados boca arriba al final de sus posturas, los practicantes de yoga se centran simplemente en aquietar el cuerpo y la mente, relajando conscientemente un grupo muscular tras otro. Una sensación de paz les invade a medida que la mente y el cuerpo aprenden a dejarse llevar, a estar aquietados. Esta práctica de la quietud reduce el estrés, aumenta la espaciosidad y fomenta la sensación de bienestar.

Cuando la vida está sometida a un ajetreo constante y estresante, o cuando se corre de una tarea a otra, afrontando un objetivo o un problema tras otro, es fácil sentirse agotado. El sistema se sobrecarga y los recursos internos se agotan. Vivir así es insostenible. Los seres humanos necesitamos tiempo y espacio para relajarnos, reparar y regenerar el cuerpo y la mente; para recargar las pilas, por así decirlo. Dedicar tiempo con regularidad a reflexionar sobre las experiencias vividas, y a descomprimir y restaurar las energías, permite digerir el contenido de la vida para que, cuando la retomes, puedas ser más eficaz y estar más presente y en paz.

Una vez más, la práctica de la quietud incrementa la sensación de espacio interno. Y el grado de espaciosidad interna que

---

[*] Cualidad de las cosas de ser tal como son. (N. del t.)

experimentas está directamente relacionado con tu capacidad para manejar la complejidad. Lo que el difunto Oliver Wendell Holmes, Jr. llamaba "la simplicidad situada al otro lado de la complejidad"[5] hace referencia de manera muy hermosa a esta noción. Sin embargo, sin espacio suficiente, la complejidad puede abrumarte, lo que crea una sensación de contracción. Tu capacidad para adaptarte a la complejidad depende de tu facilidad para acceder al espacio interno y observar, así como de tener la copa adecuada: la estructura interna o el contenedor en el que albergar y procesar la nueva información.

A través de la meditación puedes descubrir que, de hecho, tú *eres* espacio. Aprendes a sintonizar con la quietud que habitas, a potenciar la espaciosidad que ocupas y a escuchar profundamente desde ese lugar el entorno interno y externo, tanto el tuyo propio como el de los demás. Gracias a una mayor conexión con la quietud, tienes más disponibilidad, más "espacio" como base desde la que presenciar tu mundo. Puedes sintonizar y escuchar más plenamente, conectar más profundamente. Una mayor disponibilidad te permite no solo absorber lo que comparto contigo, sino *acogerme* dentro de ti. Por supuesto, cuando te sientes abrumado por las exigencias de la vida, tu sensación de quietud, amplitud y disponibilidad se reduce o desaparece, y tu capacidad para acoger a otro se ve comprometida. Ya no puedes estar plenamente presente para los demás. Por estas razones, la capacidad de conectar con la quietud es un ingrediente clave de la relacionalidad.

Ya sea en una reunión de negocios, en un encuentro casual con un conocido o en una profunda conversación familiar, puedes sentir lo disponible que está la otra persona para ti. La disponibilidad es la base de la capacidad de *respuesta*; la primera es necesaria para la segunda. Tu capacidad de responder a otro desde tu verdadero centro depende de tu disponibilidad. Cuando te sientes estresado o agobiado, estás menos disponible y eres menos capaz de responder a los demás desde tu esencia. El estrés genera reactividad en lugar de capacidad de respuesta. En situaciones de mucho estrés, puedes sentirte acorralado, amenazado, abrumado. Sientes que los demás te exigen "demasiado" o que careces de recursos para responder a sus necesidades. Cuando estás estresado, sientes que no tienes suficiente espacio o tiempo.

Ya sea gestionando el trabajo profesional, conectando con la familia y los amigos, haciendo el amor con una pareja íntima o pasando tiempo con los hijos, tu capacidad de estar plenamente presente depende de la calidad del espacio interno —y, por tanto, de la disponibilidad interior— que traigas. Piénsalo: cuando te sientes plenamente presente y disponible para tus hijos, se crea una intimidad inmediata. Experimentas un profundo sentimiento de conexión y tus hijos parecen florecer en tu presencia. Sin embargo, cuando tienes menos disponibilidad, tus hijos sufren, al igual que tú.

Dado el increíble ritmo de la vida moderna y la enorme cantidad de información que recibimos cada día, es muy fácil descubrir —a menudo a posteriori— que carecemos de la disponibilidad adecuada para nuestros colegas, nuestras parejas y nuestros hijos. Con docenas de correos electrónicos, llamadas y notificaciones de texto reclamando nuestra atención, es aún más importante practicar la quietud. Nos sentimos casi claustrofóbicos, como si estuviéramos apretados contra un cristal; no hay suficiente *espacio*. Si tenemos un desacuerdo con una pareja íntima o un colega cercano, nos sentimos aún más constreñidos. Nuestro espacio interno se reduce o desaparece. Incluso es posible que nos oigamos decir: "¡No tengo tiempo para esto!".

Pero cuando encontramos a alguien que está totalmente disponible para escucharnos, totalmente presente para nosotros, nos sentimos muy bien. Su sola presencia parece inyectar más espacio a nuestra experiencia. Cuando otra persona está realmente disponible de este modo, puede aportar toda su inteligencia a la interacción; entonces el espacio entre nosotros —el espacio intersubjetivo— se convierte en un terreno de sanación.

En la tradición judía se honra el *shabat,* que hace referencia al séptimo día de la creación: según el *Libro del Génesis,* el Creador se lo reservó para descansar. El *shabat* representa la sacralidad de la quietud y, por tanto, del espacio, la disponibilidad y la presencia de ser. Y señala hacia la atención aquietada que nos permite honrar y nutrir estas cualidades en nosotros. A medida que practicamos, descubrimos que, de hecho, estos recursos son siempre abundantes. La quietud es intemporal. Y el espacio, como el tiempo, es ilimitado.

Si la quietud es el ser, el movimiento es el devenir. Todo surge de la quietud causal y, fundamentalmente, cada "cosa" de nuestro cosmos es energía. Por lo tanto, el movimiento es el flujo de energía, información y creatividad. Es el movimiento de la luz, el calor, la electricidad, el magnetismo, la gravedad y todos los procesos de la vida y la materia. Es emoción, pensamiento, creencia, inspiración, innovación y creatividad. La energía es inteligencia en acción; la vida es movimiento.

La energía es inteligencia en acción; la vida es movimiento.

Tanto si la llamamos información, datos, inteligencia, vitalidad o energía, la vida siempre busca expresarse a sí misma: moverse y fluir tal como un río debe moverse y fluir. Cuando nos sentimos abrumados por las exigencias de nuestra vida, tendemos a percibir nuestro estrés como el subproducto de alguna insuficiencia: falta de tiempo, de apoyo, de descanso o de otro recurso. Debido a esta insuficiencia percibida, nuestras responsabilidades nos parecen demasiado. Sin embargo, desde un punto de vista místico, esta sensación de "demasiado" es simplemente fricción.

La fricción se produce siempre que se encuentra resistencia entre una estructura determinada y el flujo de energía u otros recursos. Imagina las tuberías que llevan el agua a tu casa. Si son demasiado estrechas para la presión de agua o se atascan, hay un problema. Podemos decir que la estructura es inadecuada para ese tipo de energía —en este caso, el agua—. Hay que ajustar la presión de agua o reparar las tuberías para que todo vuelva a estar bien.

Cuando la inteligencia energética se atasca o bloquea en cualquier parte del cuerpo, la fuerza vital queda inhibida y se crea una sensación de tensión y presión. Al principio lo experimentamos como estrés o malestar, pero con el tiempo puede convertirse en enfermedad. Algunos bloqueos son lo suficientemente importantes como para retrasar el desarrollo e inhibir el potencial, lo que conduce a la supresión del propósito personal. Estos efectos se sentirán en el cuerpo, y también en las emociones y pensamientos.

El alma humana expresa tanto la quietud como el movimiento; la naturaleza del alma es ser y devenir. Estas expresiones del alma pertenecen a lo que yo llamo los *tres derechos humanos innatos e inalienables:* el derecho a ser, el derecho a llegar a ser —el despliegue del potencial— y el derecho a pertenecer —el derecho a construir vínculos relacionales sanos y a experimentarse a uno mismo como parte de una comunidad—. Cuando se ignoran o deshonran estas expresiones fundamentales del alma, los vínculos relacionales se disuelven y los sistemas humanos, ya sean familias o gobiernos, se desmoronan.

El objetivo de la comunicación transparente es restaurar estas expresiones del alma y reparar la conexión humana. A medida que practicamos la comunicación transparente, desarrollamos la capacidad de sentir y expandir el espacio interno, la presencia y la disponibilidad, y de honrar los derechos a ser, llegar a ser y pertenecer.

La práctica de la comunicación transparente nos pone más en contacto con lo que es externo a nosotros, con las personas y circunstancias de nuestro entorno, así como con lo que está dentro de nosotros. Con cuidado y práctica, aprendemos a cohesionar la percepción que se dirige hacia fuera, hacia el entorno, con la conciencia dirigida hacia dentro, hacia nosotros. Incluso podemos aprender a "presenciar" más clara y hábilmente lo que existe dentro de otro. Comunicar —poner en común— es unir mi corriente con la tuya. La comunicación transparente aporta un testigo compartido de nuestra corriente comunal, de modo que nos experimentemos mutuamente con mayor claridad.

Al aprender a sentir y habitar mi vida más plenamente, y a ser testigo del flujo de mis emociones, mis pensamientos, mis sentidos y percepciones corporales, y también de mi pasado y de mi presente, soy más capaz de sentir *contigo*, por ti y por los demás. Lo que está latente u oculto en mí se vuelve más transparente, más disponible, más presente. Mi capacidad de empatía se profundiza y mi conciencia relacional se expande, de modo que empiezo a sentir los contornos vivos de la interconexión, de nuestra interrelación. Como escribió sabiamente el filósofo, lingüista y poeta Jean Gebser: "Nuestra preocupación es hacer transparente todo lo que está latente 'detrás' del mundo y ante él, hacer transparente nuestro origen, todo nuestro pasado humano, así como el presente, que ya contiene el futuro".[6]

DE LA RIGIDEZ AL FLUJO

Otro principio místico esencial que hay que tener en cuenta es el del hábito. El hábito es la organización de la energía —es decir, el movimiento de datos o inteligencia—, de modo que se convierte en conocimiento codificado y es, por tanto, siempre accesible, incluso automático. Mediante la "creación de rutas neuronales" repetidas o la reconstitución de los patrones energéticos, *los hábitos se convierten en estructuras*. Imagina que cada mañana tuvieras que volver a aprender a andar, hablar o conducir. A menos que se dañen las estructuras neuronales, estas habilidades son automáticas, habituales.

A lo largo de cientos de miles de años de evolución, los seres humanos hemos adquirido todo tipo de hábitos útiles. En momentos de peligro real o percibido, el cuerpo produce productos químicos y hormonales precisos para que, sin tener que pensar en ello, pueda responder a la amenaza: huimos del peligro o luchamos contra el ataque. No necesitamos aprender a hacer esto de niños, tal como no necesitamos aprender a sentir atracción o deseo por una pareja; simplemente surge de manera natural. Cuando todo va razonablemente bien, el cuerpo humano desea comida y agua, reproducirse y evitar el dolor y el peligro buscando seguridad y conexión. Estas son estructuras o hábitos evolutivos innatos.

Por supuesto, no todos los hábitos son naturales; muchos se aprenden. Algunos están condicionados culturalmente, mientras que otros surgen de las exigencias de la vida contemporánea. Las formas infinitamente variadas en que nos dirigimos a los demás, si rendimos culto y cómo lo hacemos, o cómo interactuamos en innumerables escenarios culturalmente informados, requieren un poco más de reflexión y aprendizaje, pero también acaban convirtiéndose en hábitos. Por supuesto, muchos de nuestros hábitos personales o sociales quedan tan fijados estructuralmente que puede resultar difícil actualizarlos cuando la nueva información indica que deberíamos hacerlo. Aunque la estructura habitual nos permite disponer de la energía que necesitamos para pensar, aprender y afrontar nuevos problemas, también puede impedirnos acceder a la energía que necesitamos para abordar el cambio.

El don de una práctica contemplativa comprometida es que, al potenciar la espaciosidad, la disponibilidad y la presencia, podemos llegar a ser conscientes hasta de nuestros hábitos más arraigados. Podemos determinar con inteligencia qué estructuras nos resultan útiles y a cuáles les vendría bien una remodelación. Cuando todo en nuestras vidas fluye de forma automática y de acuerdo con los hábitos, tendemos a pasar por alto o ignorar todas las señales que apuntan a la necesidad de un cambio, hasta que afrontamos una crisis.

Todos sabemos lo difícil que puede ser cambiar incluso un solo hábito. La energía del hábito se ha cristalizado, ha quedado incorporada en el cerebro y se ha establecido firmemente como una ruta física, mental, e incluso emocional. Si se quiere doblar una estructura rígida, como una barra de metal, primero hay que calentarla —es decir, aplicar energía de movimiento rápido—. Del mismo modo, cuando quieres suavizar un hábito fijado, hay que inundarlo de nueva energía y conciencia, lo que crea más espacio para la presencia y la atención plena. Nos damos más cuenta de cómo es, y esta observación es una forma sutil de intervención. Como testigos comprometidos, estamos más sintonizados con los cambios que ocurren a nuestro alrededor y en nuestro interior, y más disponibles para los cambios que se producen en una pareja íntima o en un niño. Empezamos a sentir cualidades más refinadas y detalles o transiciones más sutiles que, de otro modo, habríamos pasado por alto.

Los hábitos son esenciales en nuestra vida, e incluso son útiles para sobrevivir, pero, si no nos damos cuenta, podemos calcificarnos, volvernos rígidos, resistirnos al cambio y, por tanto, perder resiliencia ante él. Sin embargo, con conciencia y presencia, podemos pasar mejor de la rigidez al flujo, reconociendo cuándo se necesita nueva energía y adaptando los hábitos anticuados para abrazar el cambio.

Es sensato adoptar prácticas que nos ayuden a hacerlo. Por ejemplo, al famoso físico cuántico Werner Heisenberg le gustaba pasear después de haber trabajado mucho tiempo en su mesa o en el laboratorio. Durante esos paseos se le ocurrían las mejores ideas, y a menudo le llegaba una inspiración repentina. Los escritores William Wordsworth, Virginia Woolf, Charles Dickens, C. S. Lewis y Henry David Thoreau también caminaban. Aristóteles, Einstein y Salvador Dalí se inspiraron durante sus siestas. Muchos otros artistas y genios creativos prefieren trabajar en el jardín, navegar, tejer, cocinar, meditar o simplemente darse una ducha caliente. Lo que todas estas actividades tienen en común es que amplían la sensación de espacio. Con más espacio hay más disponibilidad y presencia para que fluyan la inspiración y la luz —la consciencia consciente y la consciencia encarnada—.

Cuando nos dedicamos a una tarea dada durante demasiado tiempo, empieza a generarse una sensación de tensión y presión. Necesitamos movernos o descansar, soltar nuestros esfuerzos del modo que sea. Es esencial tomarse un tiempo para recargar las pilas, de modo que podamos recuperar la energía, la inspiración superior y la frescura creativa. Solo desde un espacio abierto de renovación podemos acceder a lo nuevo, a lo *emergente*, al flujo del futuro: el flujo de nuevos potenciales y nuevos futuros. Sin descanso, todo lo que nos queda es retomar los hábitos y las estructuras del pasado.

Cuando vivimos cualquier aspecto de nuestra vida de forma demasiado habitual o inconsciente —quizás nos encontremos repitiendo patrones relacionales negativos, o simplemente negando nuestro propósito y vocación más profundos—, se forman bloqueos energéticos y acabamos sintiendo malestar. Este es el resultado de la presión *evolutiva*: nuestros hábitos y estructuras se han vuelto demasiado estrechos para la luz que busca fluir a través de nosotros. En cierto modo, siempre sentimos la necesidad de cambiar. Sabemos que una resistencia prolongada es una invitación a la crisis, en la que nuestras "tuberías" estallarán y nos abriremos abruptamente. Sin embargo, si escuchamos la tensión evolutiva, podemos utilizarla para seguir un camino de crecimiento. A menudo, la tensión nos dice que abandonemos nuestros hábitos por un momento y nos inclinemos hacia lo desconocido, lo nuevo, hacia el filo liminar donde surge lo emergente.

A medida que conectamos con ese lugar en el filo, con frecuencia sentimos que se vierte una luz. Todos hemos sentido esto alguna vez en la vida, quizá durante una sesión de terapia en la que se produce un avance vital. De repente, vemos todo de otra forma, con una nueva sabiduría y con asombro. Quizá durante una conversación difícil o en un momento de conflicto se alcanza una nueva cualidad de comprensión, y parece como si de repente hubiera más espacio en la habitación a través del cual pueden entrar la gracia, la paz y la luz. O, después de trabajar duro y durante mucho tiempo para resolver un problema irresoluble, sentimos un repentino "¡ajá!". La proverbial bombilla se enciende, iluminándonos con una nueva comprensión y energía. En esos momentos se actualiza nuestra capacidad de observar y se produce una elevación del nivel de conciencia.

Por el contrario, cuando estoy estresado o cerrado —distraído, desconectado y disociado— tengo menos espacio y una menor capacidad para observar mi interior. En este estado de contracción es más probable que me identifique demasiado con mis pensamientos y emociones —hábitos—, o que me sienta constreñido por la sensación de dolor o malestar físico. Me resulta difícil escuchar y comunicarme, o resolver problemas. Me siento "demasiado ocupado" en lugar de productivo; reactivo en lugar de capaz de responder. Funciono a partir de hábitos cristalizados —según mi pasado— en lugar de hacerlo creativamente —de acuerdo a mi potencial—.

PRÁCTICA: CARTOGRAFIAR EL PAISAJE DEL CUERPO INTERNO

Cuando se nos pregunta: "¿Cómo estás?", es posible que habitualmente respondamos sin detenernos a reflexionar ni observar. "Estoy bien", podemos decir, aunque no nos sintamos realmente bien. A menudo hay una falta de coherencia entre lo que siente el cuerpo y lo que experimentamos a nivel emocional o mental. Cuando nos damos cuenta de esta incoherencia, empezamos a notar nuestras propias zonas de malestar físico, tensión o disociación. Asimismo, podemos ver la incoherencia en otros. Por ejemplo, podemos darnos cuenta de que otra persona no se siente en contacto con su cuerpo, como si no estuviera plenamente presente en su forma física.

Para crear más espacio, presencia y, por tanto, coherencia en nuestro cuerpo, podemos poner en práctica una sencilla técnica contemplativa. En esta práctica serás testigo de tu cuerpo desde dentro, sintonizando con sus energías y sensaciones. Mientras lees esto, examina tu cuerpo y fíjate en las partes que sientas más presentes y accesibles. En esas áreas puedes notar que hay más información disponible o más vivacidad.

A continuación, fíjate en las zonas del cuerpo que te parezcan menos accesibles o menos disponibles. Observa el contraste entre las zonas del cuerpo que sientes más vivas e inmediatas y aquellas en las que necesitas concentrarte más para poder sentir. ¿Qué ocurre cuando llevas tu conciencia a esas zonas menos disponibles? ¿Qué imágenes, emociones o pensamientos surgen?

Después de sentir las partes del cuerpo abiertas y accesibles, comprueba tu nivel actual de estrés. ¿Cuál es tu actual nivel de estrés en una escala de uno a diez? Ahora observa las sensaciones que llamas "estrés" y comprueba si puedes abrazarlas un poco más, reduciendo el estrés. Intenta ser consciente de tus sensaciones corporales y del estrés, lo que permitirá a tu sistema nervioso integrar parte del estrés y redistribuir esa energía en el flujo y la relajación general del cuerpo.

Dibuja el mapa del paisaje interno de tu cuerpo cada día, observando regularmente sus sensaciones y cualquier otra información que contenga. Con la práctica regular, notarás una mayor sensación de coherencia entre tus cuerpos físico, emocional y mental. También serás capaz de observar mejor y de sentir lo que está ocurriendo dentro de otra persona.

Un conflicto interno o una polarización de emociones, creencias o ideas no pueden resolverse desde el nivel de la restricción —es decir, desde los extremos—. Lo que se necesita es más espacio para sentir y, como resultado, para ser testigo del conflicto y resolver esas energías. En el trabajo de sanación, el mundo interno del terapeuta, facilitador o sanador ofrece espacio al mundo interior del cliente, aumentando así el espacio de conciencia. El espacio interno es esencial en cualquier proceso de transformación.

La práctica de la comunicación transparente es una dialéctica, una forma de estar juntos en claridad con lo que está presente. Con práctica y conciencia podemos alcanzar una sensación de equilibrio entre quietud y movimiento. Podemos prestar atención a nuestros hábitos, adaptándonos conscientemente y cambiando la cualidad de nuestras estructuras físicas, emocionales y mentales. Es una profundización del yo y del nosotros, y es una realización de nuestra interdependencia intrínseca.

Los cabalistas dicen que, mientras caminas por la vida, solo puedes percibirla en la medida en que poseas un instrumento claro. Sin el telescopio no existiría la astronomía moderna. Del mismo modo, sin el microscopio electrónico no habría surgido la física cuántica tal y como la conocemos. La práctica de la comunicación transparente consiste fundamentalmente en clarificar nuestro instrumento para que podamos aprender a percibir incluso las cualidades más sutiles con una resolución cada vez mayor. El complejo cuerpo-mente del ser humano, incluyendo la capa emocional, es nuestro instrumento, y alberga el potencial para muchas estructuras refinadas y capacidades de percepción.

Entre ellas se encuentra el sistema nervioso, una red biológica y energética de asombrosa complejidad y sabiduría. En el próximo capítulo hablaremos más a fondo del sistema nervioso humano, pero baste decir que es mucho más de lo que solemos entender de él a nivel fisiológico. El sistema nervioso nos conecta con un registro completo, con una vasta biblioteca interna que contiene todas las experiencias vividas a lo largo de nuestra existencia. De hecho, el sistema nervioso humano *nos conecta entre nosotros*. A través de prácticas de comunicación transparente aprenderemos a emplear esta herramienta evolutiva para alcanzar una inteligencia relacional más profunda.

Otra enseñanza cabalista es la de *tikkun*, que significa "reparación del mundo"[7] o "reparación divina". Muchos cabalistas se ocupan de la reparación o curación tanto de los individuos como del mundo. La comunicación transparente es una herramienta para el *tikkun*, y aprenderemos a utilizarla como una práctica de vida individual y como un recurso para la sabiduría, la sanación y la integración colectivas. Para ello, necesitamos tener una comprensión básica del trauma desde una perspectiva tanto mística como fisiológica, y también de cómo y por qué el trauma altera el desarrollo y daña la comunicación. Empezaremos examinando los procesos fundamentales del desarrollo humano, que trataremos en el siguiente capítulo.

2

PRINCIPIOS ESENCIALES DEL DESARROLLO HUMANO

Cuando empieza a germinar a nuestro alrededor algo realmente nuevo, no podemos distinguirlo por la sencilla razón de que solo puede reconocerse a la luz de lo que va a ser.
—PIERRE TEILHARD DE CHARDIN

Para entender el impacto del trauma en nuestro desarrollo y nuestras relaciones, primero tenemos que echar un vistazo a las explicaciones místicas y científicas contemporáneas de cómo los seres humanos crecen, maduran y se conectan, un proceso que comienza en la encarnación.

Desde la perspectiva mística, podríamos decir que lo que se encarna es la luz misma. Lo que percibimos como luz es en sí misma una emisión de energía e inteligencia, de curiosidad, anhelo y deseo o voluntad. Podríamos llamar a esta luz el "impulso evolutivo", término utilizado por primera vez por el psicólogo franco-austríaco Paul Diel. Aquí nos vamos a referir a la "luz" simplemente como el alma humana.

Cuando la luz del alma humana llega a su encarnación actual, ha viajado a través de capas y más capas de tiempo: cientos de miles de años de historia humana y *miles de millones* de años de vida sobre la Tierra. Moviéndose a través de incontables estratos de tiempo, el alma reúne, colecciona y realiza un inmenso e incalculable registro: una vasta biblioteca viviente que contiene la suma de todos los datos anteriores a su nueva vida humana. Y cuando el alma nazca, vestirá las prendas de esta rica biblioteca como si fueran túnicas tejidas a partir de una gran historia genética codificada ahora en los músculos, los tendones y las fascias, tejida a través de sus venas, nervios y redes neuronales, en su médula, memoria y emoción.

El alma misma es pura energía, y la energía necesita un canal, algo que la contenga. Los gametos de dos seres humanos vivos —los padres— ofrecen instrucciones para que el alma las utilice durante su desarrollo en la forma. Esa forma, por supuesto, es el cuerpo físico, que se convertirá en el recipiente del alma a lo largo de esa encarnación.

Actualmente, la gente suele comentar el proceso del parto como si fuera algo intrínsecamente médico, o como si de alguna manera fuera desordenado, e incluso se hace referencia al "trauma de nacimiento reprimido" y se rumia sobre su relación con el sufrimiento actual. Pero también podríamos considerar el proceso de nacimiento como una especie de iniciación, un rito de tránsito que vincula la energía de un alma con su recipiente humano. Así, aunque es cierto que un parto médicamente difícil puede producir ciertos efectos físicos, emocionales o psicológicos —y en algunos casos deficiencias en la vinculación y el apego[1] entre padres e hijos—, el proceso de nacimiento en sí es física y espiritualmente natural, una *travesía* liminar para el alma encarnante.

Lo que ocurre cuando el alma llega es tan importante como la estructura genética que hereda. Cuando la madre, el padre o el cuidador principal tocan, sostienen, acarician y miran a los ojos del niño recién nacido, la energía de su alma es invitada a entrar más en el cuerpo. Al principio, el alma del niño es pura energía; los padres son la estructura, o la copa, a través de la cual la energía del niño emerge y toma forma. Cuando se permite que este proceso ocurra de forma saludable, se crea un contenedor *relacional* seguro entre padres e hijo, que también forma un recipiente o copa estructural. Al cabo de unos tres meses, los velos sutiles empiezan a cerrarse para que la energía del alma pueda anclarse más plenamente a la frecuencia y la forma de su sistema de vida físico. La influencia de la naturaleza y de la crianza se combinan.

El alma en sí misma es un impulso, una flecha de energía, de deseo y voluntad.

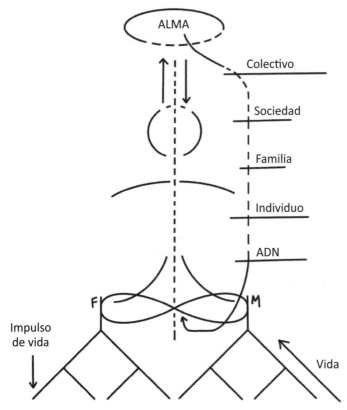

El alma conectando con el momento de la concepción.

El alma humana se conecta con el cuerpo atravesando las capas sistémicas de la red kármica/familiar.

El alma misma es un impulso: una flecha de energía, de deseo y voluntad. Y durante cientos de miles de años, la voluntad humana ha expresado el deseo de pertenencia: el óvulo fecundado se "adhiere a" y es abrazado dentro del gran recipiente uterino, logrando así la pertenencia. Si todo va bien, el feto completamente desarrollado se prepara para abandonar el útero y, en la siguiente fase, una diminuta vida humana es entregada a los brazos de su madre. De nuevo encuentra la pertenencia. Pero todas las almas poseen otro impulso, que es el de expandirse, explorar y crecer para satisfacer su curiosidad de descubrir. Estos deseos gemelos de la voluntad —de pertenencia y libertad, de comunión y autonomía— crean un adagio coreografiado en forma de ochos.

EL CICLO DE LA INDIVIDUACIÓN

El impulso que tiene el bebé de gatear comienza, apremiado por la curiosidad, como una expresión de la voluntad. Siguiendo este instinto, el bebé primero se pone sobre sus cuatro extremidades y se balancea adelante y atrás. Pronto impulsa su cuerpo hacia delante, una y otra vez. Con cada intento de gatear, su cerebro y su sistema nervioso en desarrollo van incorporando el código del "gateo" a la estructura de su cerebro y su cuerpo. La estructura neuronal de este nuevo comportamiento desciende por todo el cuerpo como las raíces de un árbol, incrustándose en la forma. A medida que esta estructura se vuelve más clara y concreta, se crea más *espacio* —más "sitio", si se quiere— en el cuerpo-mente. Al mismo tiempo, el niño empieza a habitar un espacio más grande en el mundo exterior. Se arrastra a poca distancia de su madre y se detiene para mirar atrás. De este modo aprende sobre el espacio —la distancia entre los dos— y también sobre el tiempo: "¿Cuánto tiempo tardo en volver con mi madre?". "¿Cuánto tardo en alejarme?". La actividad de gatear toma forma con una especie de ritmo: hay deseo, movimiento, espacio y repetición, hasta que el gateo se ha convertido en una competencia aprendida. Una vez establecido, se abre la posibilidad de que florezca un nuevo impulso y, por tanto, nuevas capacidades. Pronto el bebé se pone de pie y empieza a andar, y después a correr.

Con cada nueva competencia que desarrollamos, se crea más espacio para un nuevo crecimiento, lo que nos permite tener sitio para contemplar nuestro crecimiento, convirtiéndolo en un proceso consciente.

De este modo, el bebé —la nueva alma— aprende constantemente sobre el espacio, el tiempo y el ritmo —ETR—. Cada proceso, cada nuevo aprendizaje, cada nueva capacidad tiene su ETR. Si la madre está en sintonía con el bebé, percibirá su proceso de ETR y no le empujará a aprender demasiado deprisa ni le frenará cuando esté preparado. El proceso ETR está en el corazón del desarrollo.

Continuando con nuestra mirada a través de la lente mística, podemos pensar en el impulso o la voluntad del alma como una energía canalizada a una estructura, convirtiéndose en la realización tridimensional del cuerpo. A medida que aprendemos y crecemos, nuevas energías e informaciones se encarnan en forma de nuevas competencias. Aprendemos a gatear, a correr, a contar, a cantar, a escribir, a dirigir, etc., creando así una mayor complejidad en la forma. Con cada nueva competencia que desarrollamos, se crea más *espacio* para un nuevo despliegue, lo que nos permite ser testigos de nuestro crecimiento y convertirlo en un proceso consciente. A partir de ahí, quedan a nuestra disposición nuevos potenciales, y el camino vuelve a empezar con un mayor grado de complejidad. Este es el viaje universal desde el impulso a la encarnación y la observación. El movimiento global puede verse como el ciclo de la energía entrando en la estructura, la danza esencial del desarrollo. Me refiero a esta danza como el *ciclo de la individuación*.

Tú y yo, y todos aquellos a los que conocemos, estamos siguiendo los pasos de esta danza de desarrollo, incluso en la edad adulta. Cada nueva etapa de aprendizaje, crecimiento y observación deja espacio para que entren nuevas comprensiones e inspiraciones y para que nazcan nuevas capacidades.

Ahora bien, cuando un niño empieza a explorar el mundo, está siguiendo el impulso del alma de satisfacer la curiosidad y la libertad. El bebé extiende la mano para tocar, probar algo o mirar, y vuelve. Va un poco más lejos y vuelve. Una y otra vez, sale y vuelve. Su curiosidad le lleva a explorar el entorno, y es la sensación de incertidumbre o miedo la que le hace volver hacia la seguridad y la tranquilidad de sus padres. Buscar, volver, buscar, volver: libertad y pertenencia. Este patrón es una expresión del ciclo del ritmo, del proceso por el que la energía penetra en la estructura.

Cuando un niño pequeño se encuentra con algo que le sorprende o le asusta en su entorno, vuelve corriendo a sus padres. Al sentir el miedo del niño, el progenitor lo acoge en sus brazos, lo acaricia o le asegura que todo está bien y que no hay nada que temer. En este proceso, el progenitor reafirma un contenedor seguro para contener y disolver el miedo del niño. Así, los padres y cuidadores ayudan directamente al cerebro y al sistema nervioso de sus hijos en el proceso de corregulación emocional y, con el tiempo, de autorregulación emocional.

Como adultos, tendemos a pensar que el miedo es universalmente negativo o destructivo. A menudo, el miedo crea bloqueos en nuestra experiencia subjetiva. Esto es consecuencia de la ansiedad, la inquietud y la angustia: del miedo que no ha sido recibido en un recipiente adecuado de seguridad y consuelo. En sí mismo, el miedo es un impulso evolutivo importante, no solo para la supervivencia, sino también para la relación y la conexión. Si el miedo del niño en desarrollo se ve correspondido constantemente con seguridad y consuelo, el alma experimenta la pertenencia, y la estructura neurológica y emocional del cuerpo puede crecer y florecer con facilidad. Un apego sano ayuda a generar coherencia interior y exterior, y también algo más: más espacio.

Con el tiempo, el impulso de la curiosidad lleva a la niña en crecimiento a ir más lejos que antes, y esta vez no siente miedo. Cuando su padre la llama, ella se resiste con orgullo: "¡No!". El padre vuelve a llamarla y la niña repite: "¡No!". Al resistirse u oponerse a la voluntad de sus padres, la niña afirma su propia voluntad. Está creando una nueva estructura interna: un sentimiento de sí misma, de *mí*. Se está individualizando. La niña está expresando un nuevo deseo de autonomía, fuera del capullo cerrado de la relación padre-hija, donde hay una seguridad ilimitada pero muy poca libertad. A través de esta nueva danza de resistencia y oposición, la energía del alma está empezando a cristalizar las primeras estructuras de su dimensión interior, el *yo* interno.

Esto solo es posible una vez que la niña ha creado una estructura interna suficientemente sana. Resistirse o practicar el "no" refuerza la estructura y ayuda a construir la autonomía —para poder saltar, necesitamos un suelo sólido debajo de nosotros—. Capacidad de acción, enfado y resistencia son aspectos importantes de esta etapa del desarrollo.

Para reclamar su autonomía, la niña pequeña acaba insistiendo en que se le permita lavarse los dientes o vestirse sin ayuda. "¡No, déjame hacerlo a mí!" es el estribillo habitual en los hogares con niños pequeños. Es importante que los padres apoyen estas iniciativas de independencia. Cuando los adultos no consiguen pasar de la protección a la autonomía, la niña expresará naturalmente su enfado y exigirá su espacio y su libertad. Al fin y al cabo, el alma debe ser fiel a su propio proceso de devenir. Sin embargo, si la niña es castigada con regularidad o dureza por tales expresiones, puede producirse una escisión en la psique entre las necesidades de autonomía y las necesidades de apego —es decir, entre la voluntad de llegar a ser y el deseo de preservar vínculos importantes y de pertenecer—.

La niña que está creciendo necesitará más espacio en el sistema familiar —un territorio más amplio, por así decirlo—, lo que puede resultar difícil para algunos padres. El arte de ser padres consiste en saber cuándo se necesita apoyo y cuándo se necesita espacio —sin desconexión—. El equilibrio adecuado de estos elementos favorece el desarrollo natural del niño y alimenta su capacidad para relacionarse con los demás.

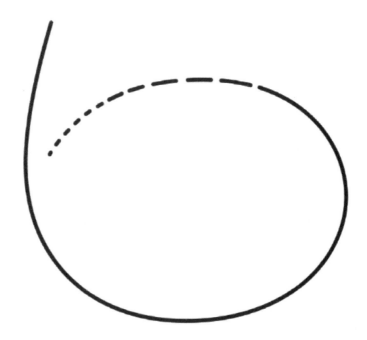

El ciclo de la individuación: el proceso mediante el cual la energía se codifica en la estructura.

DESARROLLO VERTICAL Y HORIZONTAL, PERTENENCIA Y DEVENIR

En el proceso de desarrollo, el ciclo de individuación se despliega a través de un eje vertical y otro horizontal. Imagina que una aguja tira de un hilo sutil hacia arriba y más arriba, a través de la coronilla de tu cabeza. El hilo mismo es una corriente de luz, energía e información que discurre a lo largo de la columna vertebral, conectándote verticalmente hacia abajo con los linajes genéticos de tus padres, y ramificándose y fluyendo más y más abajo a través de las raíces de innumerables generaciones. Las raíces de este hilo continúan descendiendo hasta el linaje genético de nuestros primeros antepasados naturales, a través de los primates, mamíferos, vertebrados y criaturas multicelulares. Las raíces del hilo descienden aún más abajo, a través de las primeras formas de vida unicelulares, hasta el cuerpo mismo de la Tierra. Se remontan hasta las primeras sales y minerales constituyentes del planeta, hasta la llegada del agua, hasta el carbono y, más profundamente, hasta el nacimiento y la muerte de las estrellas, y el amanecer del universo mismo.

Nuestros hijos, si los tenemos, aparecen por delante de nosotros en esa línea vertical; son la realización de un antiguo deseo evolutivo de llegar a ser, pertenecer y volver a ser. De este modo, los niños encarnan la punta avanzada de un impulso evolutivo que surge de nosotros y busca el filo espacial de la luz futura, señalando hacia nuestro potencial evolutivo.

Perpendicular al eje vertical está el hilo horizontal, cuya aguja se mueve desde nosotros —hacia fuera y hacia dentro, hacia fuera y hacia dentro— en un proceso de plegamiento cada vez mayor, entretejiendo nuestras vidas individuales con el tejido del tapiz comunitario, social, global y cósmico. Por ejemplo, cuando un niño entra por primera vez en la escuela, hay un proceso de formación para desarrollar un nuevo sentido de seguridad y pertenencia más allá del que proporciona la familia. Una vez que se ha establecido ese nuevo contenedor, ahora el niño puede sentirse parte de la comunidad escolar. Ahora experimenta la pertenencia en casa, entre la familia, *y* también en la escuela. De una forma maravillosa, sus padres forman la red de seguridad desde la que aprende a ramificarse de manera segura. Si se enfrenta a dificultades en la escuela o en la comunidad, lo ideal es que sus padres le proporcionen protección, consuelo y seguridad para que pueda integrar sus experiencias y volver a aventurarse a salir con valentía.

Cada uno de nosotros tiene un deseo innato de pertenecer a un mundo más amplio, igual que cada célula corporal pertenece al cuerpo. Cuando un niño se convierte en adulto, busca seguridad y pertenencia: primero con sus padres, luego con otros familiares y cuidadores, después con su escuela y su comunidad, y así sucesivamente. Pertenencia es afinidad, conexión, reciprocidad, parentesco, comunión. Allí donde encontramos pertenencia, podemos *devenir*. Podemos crecer, evolucionar y expresar mejor nuestra naturaleza creativa y emergente. Pertenecer es una función del desarrollo horizontal; llegar a ser es una función del crecimiento vertical. Ambos se desarrollan de forma natural como extensiones de un ciclo de individuación saludable.

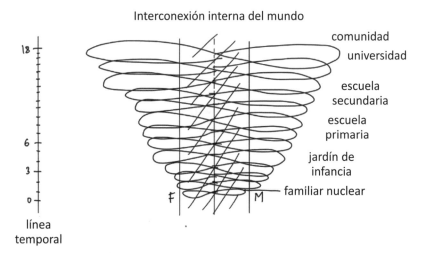

A medida que un niño crece, va a la escuela y se une a la comunidad, se crean esferas de pertenencia social cada vez mayores.

LA NEUROBIOLOGÍA DE LA RELACIÓN

Cuando observamos el ciclo de individuación mística a través de la lente de la ciencia contemporánea, encontramos una simetría sorprendente. Las ramas y raíces de los sistemas nerviosos central y periférico regulan las funciones vitales del cuerpo y nos permiten sentir, percibir y responder al mundo y, por tanto, crecer. Pero el sistema nervioso también sirve de mediador central para la conexión, la relación y la pertenencia. Los ejes vertical y horizontal se encuentran dentro de él.

El nervio vago, el nervio craneal más largo y complejo, va desde el tronco encefálico hasta el colon. Esta poderosa autopista neuronal transmite información crítica entre el cerebro y el cuerpo, mediando en funciones sensoriales, motoras y parasimpáticas vitales para el funcionamiento del corazón, los pulmones, la garganta y los intestinos.[2] Pero también hace mucho más. La palabra *vago* se deriva del latín *vagus* "vagabundo", y fiel a su nombre, esta estrella errante del sistema nervioso desempeña un papel vital en la conexión social.

Todos conocemos las respuestas primarias de supervivencia del sistema nervioso, que se despliegan instantáneamente cuando experimentamos mucho estrés o un encuentro que pone en peligro nuestra vida. Son, por supuesto, la respuesta simpática de lucha, huida o congelación y la respuesta parasimpática de congelación o desmayo —la respuesta de congelación es una combinación de la activación simpática y parasimpática—.[3] Pero en 1994, el neurocientífico estadounidense Stephen Porges, director del Centro de Investigación del Trauma del Instituto Kinsey, propuso la *teoría polivagal*, un esclarecedor modelo del sistema nervioso basado en la premisa de una sorprendente intersección entre estas elegantes y primitivas respuestas de supervivencia y el comportamiento social humano. De hecho, Porges identificó una respuesta de supervivencia independiente, que pertenece al sistema nervioso, pero directamente relacionada con el entorno social. Denominó a este mecanismo el *sistema de vinculación social*.[4]

En condiciones normales, tendemos a sentirnos aliviados y seguros cuando nos miran a los ojos y nos sonríen amablemente. Experimentamos placer cuando cantamos, besamos o amamantamos a un bebé. Estos y otros comportamientos sociales nos ayudan a sentir seguridad, vinculación y pertenencia, todo lo que necesitamos para prosperar. Lo interesante es que nuestros cerebros y sistemas nerviosos han llegado a estar programados para detectar y descifrar hasta los cambios más leves y casi imperceptibles de nuestra atmósfera social. Aprendemos a leer las corrientes cambiantes en las expresiones y microexpresiones faciales de otras personas, en el tono vocal y la entonación del habla, en la postura corporal, el movimiento, etcétera. Y utilizamos este mecanismo social para evaluar casi instantáneamente si nuestro entorno es seguro y afirmativo o si, por el contrario, supone una amenaza.

Por ejemplo, la primera vez que montas en un avión podrías sentir un poco de ansiedad. Cuando el avión se encuentra con turbulencias importantes, esa ansiedad se dispara al instante; ahora sientes miedo. Probablemente, lo primero que hagas —de forma automática, sin pensar en ello— sea mirar a tus vecinos y a los pasajeros cercanos. Una rápida mirada entre desconocidos puede transmitir la sensación de que *estamos juntos en esto*, y eso ayuda a restablecer la calma. Una emoción compartida, el intercambio de una sonrisa, una carcajada mutua de exasperación o de alivio..., todo ello forma parte de los comportamientos de atender y hacer amigos,[5] que expresan el instinto natural de los seres humanos de afiliarse en momentos de estrés. La afiliación nos ayuda a sentirnos más tranquilos, más seguros, mejor.

De base, la teoría de Porges revela el papel crucial que desempeña la conexión social en nuestra capacidad de soportar el estrés y recuperarnos de la adversidad, e incluso del trauma. De hecho, la capacidad de interpretar de forma fiable el lenguaje sutil de la atmósfera social se correlaciona con una mayor resiliencia, salud, bienestar y vínculos positivos en las relaciones. Para la mayoría, el sistema de vinculación social está codificado y enmarcado en el sistema nervioso desde el momento de nuestras primeras interacciones, y continúa fortaleciéndose a medida que nos desarrollamos y crecemos. Este es otro ciclo de danza por el que la energía penetra en la estructura, o la inteligencia entra en el cuerpo. Y cuando este proceso de corregulación se ve obstaculizado o atrofiado, sufrimos. Somos menos capaces de autorregularnos, menos capaces de sentir seguridad o pertenencia. Esto puede ser consecuencia de heridas relacionales tempranas, como las que vemos en los traumas del desarrollo o del apego, en las que los lazos de conexión entre padres e hijos se ven dañados por la negligencia, el abandono o el abuso —incluida la presencia inadvertida de traumas no resueltos en los padres—. Cuando un cuidador es incapaz de regular su estado de ánimo, sus emociones y sus energías, el niño puede experimentar sentimientos de terror, ansiedad e incertidumbre, sin ningún lugar al que acudir en busca de consuelo. Como resultado, el sistema de vinculación social no puede establecerse adecuadamente en el hogar o en el mundo en general.

Cuando el sistema nervioso no crece y florece adecuadamente, la energía del alma no se encarna plena o claramente. Más bien, se desconecta del cuerpo, se disocia de las emociones y expresa fragmentación mental o psicológica. En este estado, la energía del alma es incapaz de establecer y arraigar un sentido coherente del yo o del otro. Cuando el cuerpo, las emociones y la mente son disonantes e incoherentes, el ritmo de penetración de la energía en la sustancia queda desfasado. Para comprender mejor cómo y por qué sucede esto, debemos examinar más detenidamente el fenómeno del trauma.

EL TIEMPO REAL FRENTE AL TIEMPO DEL TRAUMA

En el instante en que se produce una experiencia traumática, podríamos decir que se toma una instantánea de ese momento vital, que capta la suma de la energía y de la información del suceso hasta en las sensaciones y reacciones más sutiles del cuerpo, y esa instantánea se separa de la corriente vital. A medida que el sistema nervioso central se centra con máxima precisión en sobrevivir al trauma, esta instantánea o fragmento se archiva en el inconsciente, para ser tratado en un momento más oportuno. En medio de un acontecimiento que altera nuestra vida no tenemos tiempo para la contemplación —*mientras sucede esta situación amenazante, me siento así*— y esto es una adaptación evolutiva. Todos los sistemas están comprometidos con la supervivencia. Sin embargo, un registro de energía viviente ha quedado congelado en el tiempo y archivado en el inconsciente, enterrado en algún lugar del cuerpo.

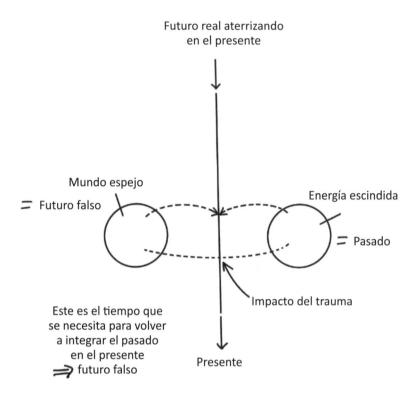

La energía fragmentada se queda atascada en el pasado (lado derecho) dividiendo la línea central, o el presente. Esto crea un falso "mundo espejo"/futuro irreal (representado a la izquierda).

Piensa en ello como en un registro bioenergético que contiene la energía no digerida del trauma. Es un "pedazo" inestable del yo que se queda congelado o detenido en el espacio-tiempo y se escinde. Pero esto no quiere decir que desaparezca; no puede hacerlo. Mientras ese aspecto del trauma siga sin ser digerido, una parte de la energía del alma permanece congelada en el tiempo, atrapada en la sombra y enterrada en el cuerpo.

De manera muy parecida a la materia oscura, la sombra del trauma es invisible al ojo desnudo; solo puede ser observada a través de sus efectos en el sistema que la rodea. Si se reprime durante demasiado tiempo, esta sustancia oscura y no digerida puede reaparecer en forma de malestar, trastorno, dolencia o enfermedad. Lo principal que observamos, tanto si estudiamos el cuerpo como la psique o el alma, es que el trauma no resuelto genera emociones desreguladas y respuestas desequilibradas hacia el entorno inmediato y las personas que lo habitan. Los denominamos *síntomas postraumáticos* y se manifiestan en los extremos de una continuidad.

En un extremo vemos la *hiperactivación*, es decir, el aumento de la respuesta de lucha, huida o congelación. Una persona en este estado puede experimentar un aumento de la ansiedad, la irritabilidad y/o la agresividad, o una tendencia a la hipervigilancia —por ejemplo, escanear continuamente el entorno en busca de posibles peligros—. En este caso, la respuesta simpática innata del sistema nervioso al estrés o al peligro parece haber sido pirateada o secuestrada, de modo que siempre está "activa".

En el otro extremo del espectro, vemos la *hipoactivación*. En este caso, la respuesta parasimpática de desconexión del sistema nervioso se queda fijada y, tras el trauma, la persona puede simplemente desconectarse, disociarse o parecer entumecida. Esta persona puede manifestar apatía y desapego, y puede sufrir depresión. Por supuesto, la misma persona puede manifestar síntomas de hiperactivación e hipoactivación en distintos momentos o en diferentes ámbitos de la vida. El trauma es como una escena disparatada en una película que, de repente, se enmudece. El drama sigue, pero no hay sonido. Entonces alguien coge el televisor y lo tira al mar. Lentamente, se hunde en la oscuridad —el inconsciente—, donde esa misma escena se repite sin fin.

Como en cualquier continuidad, los extremos por sí solos no son la imagen completa. Circunstancias imprevistas o señales en el entorno pueden activar repentinamente, o "desencadenar", cualquier conjunto de respuestas en la persona traumatizada, y, una vez más, de diferentes maneras en diferentes momentos. Para cualquier persona que tenga que hacer frente a un trauma no resuelto, la desregulación del sistema nervioso y de las emociones puede dificultar que mantengamos relaciones sanas, incluso con nosotros mismos. Esta es, quizá, la mayor consecuencia del trauma: su impacto en nuestra capacidad de conectar y relacionarnos, de sentir seguridad, pertenencia y unión y, por lo tanto, de crecer.

No obstante, podemos mirar estas activaciones postraumáticas de otra manera. Cuando una persona se activa repentinamente en respuesta al entorno, la instantánea energética original del trauma no digerido puede resurgir, no simplemente porque haya una lesión, sino como una oportunidad para cumplir otra función evolutiva del sistema nervioso: reincorporar la energía no digerida al sistema viviente. Esta es la función autocurativa de la *integración*.

Cuando aportamos conciencia a este proceso —testigo—, descubrimos capacidades evolutivas aún más elevadas que ayudan a la reparación. En particular, despertamos la capacidad innata del alma para ayudar a sanar a los demás.

LA RESTAURACIÓN DEL TIEMPO POSTERIOR

Si has tenido un desacuerdo con tu pareja durante el desayuno, te sentirás menos presente en el trabajo hasta que hayas tenido la oportunidad de sentarte y digerir la experiencia. De camino a la oficina, y a lo largo del día, es probable que repitas en tu mente momentos del conflicto matinal. Puede que te sientas distraído, desconectado o incluso ansioso. Sigues arrastrando información no digerida de la mañana, como si tu servidor estuviera demasiado sobrecargado para procesarla en el momento, en cuanto ocurre. Me refiero a este estado como el *tiempo posterior*. Cuando estás en el tiempo posterior, es como si el contenido del conflicto de la mañana fueran bolsas de equipaje que debes arrastrar contigo a todas partes hasta que puedas ordenar su contenido. Si la mitad de ti está ocupada con esas bolsas, no puedes estar plenamente presente: una mitad de ti está en el pasado.

> La historia no integrada es pasado;
> la historia integrada es presencia.

Pero lo que está contenido aquí es mucho más que simples desacuerdos sobre las tostadas y el café. Cualquier persona puede quedarse sustancialmente rezagada en este tiempo posterior y, por tanto, ser incapaz de estar plenamente presente debido a traumas personales no resueltos. Asimismo, las comunidades y sociedades que son portadoras de importantes heridas culturales están igualmente fracturadas y habitan en el tiempo posterior, lo que las mantiene ocupadas durante generaciones. El tiempo posterior es la energía del pasado que no se ha vivido o digerido plenamente y que sigue impidiendo la presencia en el presente. Por tanto, el inverso del tiempo posterior es la presencia. La historia no integrada es pasado; la historia integrada es presencia.

Cada alma humana es una expresión de energía que se mueve a lo largo de un camino de desarrollo vertical y otro horizontal. Por otra parte, cada alma humana nace en campos interpenetrados de traumas ancestrales y colectivos. La matriz humana, o campo colectivo, contiene tanta inestabilidad, disonancia y alienación que todos, de alguna manera, hemos sido marcados por estas tensiones. Esto también es tiempo posterior. Y quizá la mayor consecuencia de este desequilibrio sea el fenómeno persistente de la separación.

En el tiempo posterior, no solo nos sentimos separados unos de otros, sino también de nuestras propias almas y de nuestra fuente. Además, nos sentimos divididos en el tiempo: una parte de nosotros está absorta en el pasado repetitivo, mientras que otra se obsesiona con un futuro artificial. Sin embargo, solo nos liberamos en la plenitud de la presencia. En la presencia, sentimos una mayor sintonía con el cuerpo. Experimentamos una sensación de fluidez, de ligereza, nos volvemos más claros, más despiertos, más conectados. Con la presencia, hay más espacio, más movimiento, más iluminación. Con la presencia restauramos el pasado y nos realineamos en el espacio y en el tiempo.

Cuando alguien que conoces se siente activado por un trauma del pasado, puedes aprender a sentir la inteligencia de su sistema nervioso a través del tuyo. En esencia, puedes emplear conscientemente el sistema de vinculación social para ayudarte a observar y conectar con el dolor ajeno, e incluso para ayudar a curarlo.

Cuando un amigo, compañero de trabajo o cliente terapéutico se vuelve repentina e inapropiadamente temeroso, hostil, retraído o reprimido, puedes sintonizar y notar serenamente: "Ah, de repente está presente en su energía un niño dolido de cuatro años". Algunos psicólogos se refieren a esto como regresión, pero la presencia de este niño de cuatro años señala el momento temporal en el que se produjo el trauma original. La experiencia aterradora y no digerida del niño de cuatro años se ha mantenido aparte en una "zona temporal" separada del yo activo. Y como un viajero del tiempo futurista, tú puedes localizarla. Al hacerlo, empiezas a darte cuenta de que este aspecto "niño de cuatro años" ha dado un paso adelante para que algo del dolor no digerido que una vez experimentó pueda ser presenciado y acogido con seguridad y tranquilidad.

De hecho, lo que pensamos que es el destino es, en realidad, el pasado no asimilado. El trauma nunca se queda enterrado. Lo que ha quedado sin resolver se recapitulará. Fue el filósofo George Santayana quien dijo por primera vez: "Aquellos que no pueden recordar el pasado están condenados a repetirlo".[6] Aquellos que no pueden digerir e integrar completamente el pasado volverán a experimentarlo una y otra vez. Hasta que los fragmentos del trauma hayan sido restaurados a la totalidad, el pasado se limitará a reciclarse. Las tradiciones místicas orientales se refieren a este proceso como *karma*, del sánscrito "efecto" o "destino". Sin embargo, al combinar los conocimientos científicos contemporáneos con la sabiduría ancestral, vemos que el karma es la energía residual del sufrimiento no procesado.

Es más, la existencia de un trauma no curado tiene el poder de dañar nuestra experiencia de nosotros mismos y de los demás, y de distorsionar nuestra percepción del espacio y del tiempo. Como una imagen congelada, la presencia del trauma introduce un error que deforma la pantalla de la realidad, de modo que las emociones, las percepciones y las creencias que proyectamos sobre ella quedan distorsionadas y desreguladas. Sin integración —sin la incorporación de esos fragmentos del pasado del yo a la totalidad—, las sombras y oscuridades del pasado se acumulan por doquier a nuestro alrededor, bloqueando la luz y desfigurando nuestra experiencia del presente.

Tanto si hemos experimentado personalmente el trauma como si no, todos nacemos en un campo oscurecido por las consecuencias del sufrimiento ancestral, cultural e histórico. La volatilidad masiva —hiperactivación— y la desafección —hipoactivación— que vemos en la sociedad contemporánea son los síntomas del pasado no integrado, no en abstracto, sino en la realidad. Estas fuerzas externas fracturan nuestras perspectivas y distorsionan nuestra percepción de nosotros mismos, de los demás y del mundo, porque dificultan nuestra capacidad de relacionarnos y conectar, de sincronizarnos en el tiempo y el espacio, y de cohesionarnos unos con otros en la plenitud de la presencia. Muchas de las consecuencias de los traumas no resueltos se consideran *normales* —"así es la sociedad", "así es la gente", "así es la vida"—, cuando son cualquier cosa menos normales.

La buena nueva es que podemos curarnos y restaurar nuestras comunidades, y además puede ser mucho más sencillo y poderoso de lo que esperamos. En el próximo capítulo investigaremos la práctica de la presencia, la capacidad de sintonizar y la sutil competencia energética de sincronizarnos en tiempo y espacio. Cuando se fortalecen, estas prácticas crean una base estable para que se produzca la verdadera sanación en los ámbitos personal, ancestral y comunitario que compartimos.

PRÁCTICA: EVALUACIÓN Y REDUCCIÓN DEL ESTRÉS

En estos tiempos turbulentos, las prácticas de sintonización pueden ayudarte a presenciar y digerir los síntomas del estrés. El objetivo de esta práctica es ayudarte a enraizarte y a alcanzar una sensación más profunda de equilibrio interior para que puedas estar más presente en tu experiencia externa. Sin equilibrio interior, es más probable que las experiencias externas te abrumen. Si lo deseas, puedes hacer una grabación de voz de esta práctica de sintonización y escucharla cuando quieras. (También puedes escuchar las grabaciones de Thomas guiando las prácticas de meditación en www.attunedbook.com).

En primer lugar, tómate un momento para dirigir la atención al cuerpo. Toma un par de respiraciones y conecta con las sensaciones que ahora mismo notes más vívidas. Tal vez sientas la silla firme debajo de ti, o que tienes las manos frías o el vientre lleno.

Ahora dirige la atención a cualquier tensión que puedas estar sintiendo en el cuerpo. ¿Tienes los hombros un poco tensos? ¿Sientes malestar o incomodidad en el abdomen o en el pecho? ¿Sientes la mente inquieta o hiperactiva? Escanea cada zona del cuerpo, incluidos el plexo solar, el pecho, la garganta y el cuello, y date cuenta del nivel de estrés actual de tu cuerpo. ¿Es alto, medio o muy bajo?

Ahora vuelve a centrarte en la respiración. Simplemente inspira y espira a través de las zonas de estrés que hayas notado, permitiendo que esos lugares del cuerpo se suavicen con cada respiración. Al respirar así, tu sistema nervioso empezará a regularse lentamente, permitiendo que el cuerpo digiera e integre el estrés que contiene.

Si te sientes abrumado por el nivel de estrés de tu cuerpo mientras practicas, acude a alguien de confianza que pueda ayudarte a corregularte.

3

EL ARTE DE LA
SINTONIZACIÓN

La sintonización puede definirse sencillamente como el enfoque de la atención en el mundo interno. La sintonización interpersonal consiste en enfocar una atención bondadosa en la experiencia subjetiva interna de otra persona.

—DOCTOR DAN SIEGEL

Si se limpiaran las puertas de la percepción, todo aparecería ante el hombre tal como es, infinito.

—WILLIAM BLAKE

Una proposición esencial de la comunicación transparente es que cada ser humano está compuesto por una vasta biblioteca viviente que contiene toda la información posible; nada queda fuera. La sabiduría ancestral de nuestros antepasados más primitivos reside en nuestro ADN y en cada célula de nuestro cuerpo, cerebro y sistema nervioso. Esta biblioteca viviente contiene, en un intrincado patrón, todo lo que la vida ha aprendido a lo largo de incontables milenios, del mismo modo que tu navegador web contiene registros de todas las páginas web que has visitado hoy y los demás días desde la última vez que borraste su historial. Si quisieras saber todo lo posible sobre cómo has pasado tu vida o qué personas y acontecimientos te han impactado y cómo, solo tienes que echar un vistazo a tu biblioteca interna. No se borra nada; todo está almacenado dentro de ti. El momento en que fuiste concebido, el día en que naciste, la primera vez que gateaste o caminaste, tu primer y último beso... todo lo que has aprendido, sentido o experimentado está archivado de forma segura.

Esta biblioteca contiene muchos estantes y niveles, cada uno de los cuales almacena el conocimiento y la sabiduría que has adquirido en cada etapa de tu desarrollo físico y psicológico, además de todo lo que te han transmitido tus antepasados. Cuando te relacionas con una persona muy sintonizada, atenta, disponible, curiosa y consciente, ella puede "consultar" y revisar muchos de los "archivos" que guardas en tu interior. ¿Eres intelectual? ¿Eres muy sociable? ¿En qué sentido eres intuitivo? ¿Sufriste un trauma infantil a los tres años? ¿O a los diez años, cuando tus padres se divorciaron? Todo esto se puede leer en el nivel sutil y es accesible desde la biblioteca energética de tu cuerpo sutil.

La sintonía, como la escucha, es esencial para relacionarse auténticamente. Al practicar la sintonía con los demás, aumentas tu sabiduría relacional: la capacidad de ver a los demás con más claridad, de sentirles —de sentir *con* ellos— más profundamente y de conectar de formas más ricas y auténticas.

Ampliando la metáfora de la biblioteca, imagina una serie de libros en una estantería. Si fueras en busca de cierto libro, pero decidieras pasar por delante de todas las estanterías corriendo, te costaría mucho leer los títulos. Para elegir el libro adecuado, tienes que ir más despacio y dedicarte a absorber —sintonizar con— la información que tienes ante ti. Lo mismo ocurre cuando intentas conectar con otra persona. La madurez relacional exige reducir la velocidad y sintonizar. Se trata de aprender a ajustar tu "velocidad" a la de la otra persona para que podáis conoceros y conectar mejor. Se trata de desarrollar la capacidad de alinear tu frecuencia con la suya, tu percepción con la suya, tu biocampo con el suyo.

Cada vez que nos encontramos se produce un movimiento o una disposición de la energía particular, como una pieza musical. Solo a través de la escucha profunda —sintonizando y recibiendo— podemos ajustar la velocidad de nuestro movimiento para encontrarnos con el otro y recibirlo profundamente y bien.

CONECTAR A TRAVÉS DE LA SINTONÍA

No hace mucho me senté con un niño de un año, que solo unos días antes había sufrido un accidente y todavía estaba en estado de *shock*. Naturalmente, la madre estaba muy preocupada. Mientras estaba sentado jugando con el niño, sintonicé con él, adaptando mi energía para encontrarme con la suya, algo que no requiere palabras. Ralenticé conscientemente mi movimiento para armonizarme con el suyo, de modo que pudiéramos *estar* juntos en un espacio relacional.

El momento en que nuestras energías se sincronizaron fue muy claro: ahora había una electricidad sutil fluyendo entre nosotros, como si hubiéramos creado un sistema nervioso compartido. Ahora podía percibir patrones de tensión energética en el campo del niño, creados por la conmoción de su accidente. Había una sensación precisa de contracción en torno al dolor y al miedo, como si el niño hubiera retraído su energía hacia el interior de su cuerpo —una respuesta de supervivencia— y simplemente no la hubiera liberado todavía, a pesar de que ya no estaba en peligro.

Al estar bien enraizado en mi cuerpo, pude ofrecer al niño mi presencia y sintonización, y a continuación fui capaz de ajustar mi vibración para equipararla de manera precisa con la suya. Esto le permitió a mi sistema nervioso extender un poco de su resiliencia adquirida al sistema nervioso del niño, más vulnerable y aún en desarrollo. Me limité a sentir *con* él, transmitiendo una energía de relajación al espacio entre nosotros. Esto le ayudó a procesar parte del miedo que tenía, dejando que se desplazara y se liberara para que pudiera relajarse lentamente. Al cabo de unos diez minutos, se mostró más alerta y curioso, más activo. Una vez más, no fue necesario hablar largo

EL ARTE DE LA SINTONIZACIÓN

y tendido sobre el accidente, ni sobre lo que había sentido o lo que podía significar. La simple presencia, la sintonización y el alineamiento sutil permitieron que el mecanismo de corregulación innato hiciera su trabajo.

PRÁCTICA: SINTONIZACIÓN INTERNA DEL CUERPO

Esta práctica es una invitación a entrar dentro y explorar el cuerpo utilizando la conciencia para desarrollar capacidades de sintonización superiores. Este viaje interior te llevará a una relación más profunda con el cuerpo a través de la conciencia corporal. Es una forma de crear o mejorar tu *visión interna de rayos X* para que todo el cuerpo te sea accesible como un campo viviente de información.

Siéntate cómodamente y lleva la atención al movimiento de la respiración.

Al exhalar, relájate. Disfruta de la sencillez de tu cuerpo sentado en la silla, sobre el cojín o en el suelo. Observa tu postura. Presta atención a cualquier sensación de peso o presión.

Simplemente descansa en la belleza de estar sentado.

A medida que te relajas, concéntrate en cualquier sensación física. Observa cómo el cuerpo te va ofreciendo más información, más detalles. La atención se vuelve más refinada. Hay más resolución.

Observa cualquier tensión presente. Siente la sensación —o la falta de sensación— en las piernas, las caderas, el vientre, los hombros, los brazos y la cabeza. Estás creando un mapa de tu cuerpo interno.

¿Qué partes sientes más presentes y disponibles? ¿Qué partes sientes más oscuras, o más desconectadas y ausentes? Algunas zonas del cuerpo pueden sentirse vivas, con movimiento y sensaciones; otras pueden ser más difíciles de sentir o notar. Es posible que tengas que concentrarte más en los territorios oscuros.

Es bueno limitarse a tomar conciencia, ser testigo sin juzgar. No hay nada que deba cambiarse. Simplemente practica el aumento de la resolución de tu percepción del cuerpo refinando tu conciencia.

Si te cuesta conectar con el cuerpo, respeta este hecho. No necesitas ponerte más presión. Simplemente nótalo.

Ahora, sintoniza de forma más específica. Nota que tu cuerpo tiene huesos. ¿Qué sensación te producen los huesos? Selecciona un hueso —quizás un fémur—, y sintoniza y escúchalo. Recibe la transmisión del hueso. ¿Qué calidad tiene? ¿Qué información visual o sensorial percibes cuando te centras en el fémur?

Juega con cualquier información sutil que recibas.

Ahora enfócate en un músculo, tal vez uno de los cuádriceps o de los isquiotibiales del muslo. ¿Sientes el músculo relajado o tenso? ¿Lo sientes vivo o desconectado? A medida que te concentras en él, ¿percibes una imagen, impresión o sensación física internas?

Ahora dirige la atención a un órgano, como el hígado o el corazón. Comprueba si puedes conectar con el órgano del mismo modo. Al concentrarte en esa zona del cuerpo, ¿percibes una imagen interna? ¿Una sensación? ¿Sientes más o menos energía o vitalidad? ¿Notas una sensación de relajación o de contracción? Fíjate en cómo se comunica el órgano con su entorno. ¿Hay una sensación de aislamiento o de conexión? Fíjate en las impresiones intuitivas: ¿parece que el órgano está estresado o que fluye libremente?

Todos hemos oído alguna vez el axioma de que "dos cabezas piensan mejor que una", que habla de la inteligencia superior de la sintonización, una piedra angular de la sabiduría relacional. Tanto si te das cuenta como si no, cada vez que te cruzas con alguien —un desconocido, un compañero de trabajo, un amigo querido— se produce un intercambio de energía e información en todo el cuerpo.

El cuerpo-mente es el sistema con el que me relaciono con los demás y con mi mundo; es mi instrumento. Al desarrollar las capacidades sutiles de mi instrumento, aprendo a sintonizar

—a oír, sentir, percibir y ver— cualquier energía no resuelta en mí o en los demás, como el *shock* y el miedo que sentía el niño. Puedo rastrear la ubicación de estas energías en su cuerpo sintonizándome con mi propio cuerpo y leyendo la información que transmite. Todo esto se hace de forma suave, sutil y silenciosa. Sin embargo, para la otra persona, crea una poderosa sensación de ser visto, o lo que el Dr. Daniel Siegel, profesor de psiquiatría en la Facultad de Medicina de la UCLA y fundador del campo de la neurobiología interpersonal, describe como "sentirse sentido".[1] Es intrínseco a la naturaleza de los niños —y de todas las personas— que sentirse sentido se experimente como una retroalimentación positiva. Sentirse sentido es una función de la seguridad relacional y de la pertenencia, y permite al niño en crecimiento abrirse y expresar mejor quién es. En pocas palabras, sentirse visto anima a la voluntad o al alma humana a seguir floreciendo.

DESARROLLO DE LA SINTONÍA RELACIONAL

Transmitimos nuestro estado interior directamente a nuestro entorno. Una persona relajada y enraizada transmite una energía relajada y enraizada a su entorno. Esto es algo que los demás pueden sentir. Cuando entramos en ese espacio, nuestro sistema nervioso recibe directamente la transmisión y, la mayoría de las veces nos produce un efecto relajante y de enraizamiento, como un cálido manto de pertenencia. Por supuesto, podemos estar tan ocupados con nosotros mismos que no seamos conscientes de la transmisión, pero si estamos presentes y en sintonía, el intercambio es obvio. Es una sensación muy hermosa la de conocer e interactuar con personas que *están* presentes.

Cuanto más encarnado y disponible estás, más claramente ves el mundo. La percepción aumentada es una función de la presencia y tiene un potencial de desarrollo innato. Muchos empresarios de éxito lo son porque están muy en sintonía con los movimientos de sus negocios. Como resultado, a menudo son capaces de intuir lo que se avecina, a veces con tres pasos de antelación. La presencia funciona de forma similar en el espacio relacional. Cuando estamos presentes, disponibles y en sintonía con los demás, nuestras percepciones sensoriales se intensifican y clarifican; nos volvemos más intuitivos.

Cuando practicamos la comunicación transparente, escuchamos profundamente al otro con todo nuestro cuerpo, lo que nos permite percibir incluso las señales, impulsos e hilos más sutiles que puedan aparecer. La palabra *transparente* se refiere a estos hilos sutiles y capas de energía e información a las que accedemos a través de las dimensiones intersubjetiva y transpersonal, el espacio sutil entre nosotros.

Imagina a dos personas, llamémosles Pedro y Adela. Se dirigen juntos a una cafetería, piden sus cafés y se sientan frente a frente para hablar. Tal vez pasen así una hora, sentados y charlando sobre tazas humeantes. Al final, Adela empieza a compartir una historia difícil sobre su pasado. Si Pedro está atento y escucha con atención, se dará cuenta de los pequeños momentos en los que parece que Adela ha desaparecido del espacio, incluso mientras habla. Es como si al mencionar algún aspecto de su pasado simplemente desapareciera, solo por un segundo, abandonando su cuerpo y el momento presente. Quizás haya un segundo en el que sus ojos parecen alejarse mucho, como si ya no viera a Pedro sino algo en la distancia, acompañado de una sensación de vacío detrás de su voz. Pedro sigue oyendo hablar a Adela, pero es como si la conexión se cortara y ella dejara de estar disponible.

Este tipo de desconexiones ocurren todo el tiempo en el curso de las relaciones habituales. La energía de una persona puede contraerse de repente, tal vez inconscientemente, como respuesta de evitación o disociación. Estos casos son síntomas formados por una desconexión originaria, un lugar anterior de lesión, aislamiento o trauma; es algo parecido a encontrar la raya de un disco rayado o el punto donde falla un circuito.

Si Pedro no es consciente de estas señales sutiles, puede sorprenderse mucho al enterarse al cabo de seis meses o un año de noviazgo de que Adela sufrió un trauma en el pasado, o de que este sigue ocupando una parte importante de la energía que, de otro modo, podría tener disponible para su relación.

Muy a menudo, lo que une a dos personas en una relación romántica es el reconocimiento inconsciente de las heridas del otro. El dolor no resuelto de uno de los miembros de la pareja es como una llave que encaja perfectamente en el cerrojo formado por el dolor no resuelto del otro. A menudo, una pareja así siente una conexión intensa, incluso abrumadora, y rápidamente se involucra románticamente sin reconocer su vínculo traumático. Al cabo de seis meses o un año, cuando la relación se vuelve problemática y dolorosa, ambas partes suelen sentirse muy sorprendidas. ¿Cómo fue posible que se enamoraran tan locamente para que luego el vínculo se agriara tan rápido? Podríamos pensar en el matrimonio como un proceso de aprendizaje y toma de conciencia de todo lo que nos perdimos y no vimos de nuestro cónyuge cuando nos enamoramos inicialmente.

Muchas veces, un cliente se sienta e inmediatamente empieza a compartir una historia cargada de emoción sobre la dinámica de su relación: "Escucha, Thomas, tuve una discusión con mi mujer —puede decir un hombre—, y esto es lo que pasó". Entonces se lanza a los detalles dramáticos tal y como él los ve, normalmente una recapitulación de quién tenía *razón* y quién estaba *equivocado.* Si no estoy totalmente presente y en sintonía, podría quedarme hipnotizado por su historia, y descubrir que estoy de acuerdo o en desacuerdo con los comportamientos denunciados de su mujer. Pero si escucho desde un lugar más profundo, con todo mi cuerpo, puedo notar que, mientras mi cliente describe los detalles de su crisis de pareja, su energía ya no está presente en sus piernas y pies, como si ya no estuviera de pie en el suelo. Hay una ausencia de energía en la parte inferior de su cuerpo, y ha perdido el contacto con la sensación física en esa zona. Al sintonizar más, percibo que está contraído en la parte superior del torso o la cabeza, o que está absorbido por el miedo y responde desde él, como si adoptara una postura de defensa para sobrevivir. Es la energía del miedo, entonces, lo que el hombre está evitando o de la que se está *ausentando*, tal vez para sentirse fuerte en lugar de vulnerable. Y si tiene menos fuerza vital en cualquier parte de su cuerpo, allí su conciencia disminuye. Esa parte suya será invisible para él. En pocas palabras, el hombre ha interpretado la saga de su relación como algo tan amenazador que ya no puede mantenerse con los pies en la tierra para procesarla.

Cuando el centro de energía de la base de la columna vertebral está debilitado, no se está conectado con la tierra. No estás conectado con la tierra que tienes bajo los pies, y los demás pueden percibirte como una persona inquieta, distante, a la deriva o desconectada. El miedo instintivo y biológico más primario es el miedo a caerse; todos los bebés sanos lo experimentan. Contraemos nuestra energía y la sacamos del centro básico como reacción a un miedo —a menudo, no reconocido ni procesado— relacionado con una amenaza para nuestra supervivencia. Es vital que seamos conscientes de cuándo "dejamos de estar en contacto con el suelo", ya que es una señal del cuerpo de que hay algo que requiere nuestra atención. Para seguir avanzando como adultos maduros y sanos, debemos explorar este miedo. Tanto si aparece en nosotros mismos como en los demás, el simple hecho de permanecer presentes y en sintonía con él, en lugar de considerarlo algo "malo", es un acto compasivo que nos permite restablecer suavemente la relación enraizada en el cuerpo.

CREAR COHERENCIA INTERNA Y EXTERNA

La palabra *coherencia* se refiere a la creación de un todo unificado; la integración es, por tanto, un acto de coherencia. Cada uno de nosotros es una interacción dinámica entre los aspectos físicos, emocionales y mentales del ser. Cuando expresamos coherencia interna, o sincronización, entre estos tres aspectos, estamos más presentes y podemos sentir, percibir y sintonizar más claramente con nuestro entorno. Cuando practicamos la comunicación transparente, nos centramos en comprender el grado de alineamiento y flujo entre el cuerpo, la mente y las emociones —las nuestras y las de los demás— y en observar cómo estos centros de conciencia conectan con nuestro entorno externo.

¿Puedes recordar una ocasión en la que estabas hablando con alguien y notaste que sus palabras parecían contradecir su lenguaje corporal? A menudo, la gente dice una cosa, pero siente otra. Con la práctica contemplativa, las áreas de aparente contradicción se vuelven más claras y evidentes. Tu tarea, por supuesto, es simplemente tomar nota de la energía sin juzgarla. La comunicación transparente nos permite ver cuándo, dónde y cómo sale a la superficie la falta de alineamiento interno y externo. Se trata de aprender el lenguaje de la coherencia.

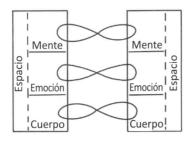 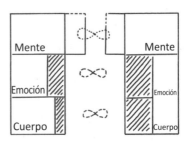

La figura de la izquierda muestra a dos personas relacionándose desde un alto grado de coherencia interna entre la mente, las emociones y el cuerpo, donde el espacio representa su amplitud interna. La figura de la derecha muestra a dos personas intentando relacionarse desde un grado menor de coherencia interior. En consecuencia, les falta espacio y la comunicación puede ser muy mental, sin sentirse uno a otro de manera profunda.

Practicar una mayor sintonía nos permite establecer un espacio relacional consciente en el que podemos notar y sentir mejor cualquier síntoma de incoherencia o desconexión. Puedes prestar atención a estos síntomas con presencia y compasión simplemente tomando conciencia de lo que está presente.

Por ejemplo, supongamos que Adela acude a ti para hablarte de un dilema sentimental. Mientras la escuchas, podrías decir: "Puedo sentir en mi cuerpo lo estresante que debe ser esto para ti en este momento", porque si estás en sintonía, serás capaz de sentir con Adela cómo ella responde a su experiencia. Cuando ella acepte que su problema relacional la está estresando, podrías invitarla delicadamente a que permanezca un momento con la sensación de estrés, simplemente permitiéndola y estando presente en ella.

Después de todo, nunca resolvemos este tipo de tensiones solo con la cabeza. Ahora bien, si volvemos a sentir nuestro cuerpo, rastreando dónde se localiza la sensación de estrés y observando cómo es y cómo se siente, a menudo podemos aprender muchas cosas beneficiosas, incluso curativas. Por ejemplo, podríamos descubrir que eso que hemos estado llamando estrés es, en realidad, una tristeza, o un enfado no reconocido ni atendido que se ha estado escondiendo en alguna parte del cuerpo. Tal vez haya tomado la forma de una ausencia y de una desconexión de la energía. O puede que esta energía de miedo se manifieste como una constricción incómoda o un nudo doloroso. Mientras no se perciba el miedo, Adela se sentirá demasiado agitada para poder estar con su experiencia. Pero si se permite investigarla poniendo conciencia en la sensación, podrá darse cuenta de si su miedo es una respuesta a una amenaza percibida o a una amenaza real, nueva o antigua. Simplemente estando un rato con la agitación, la energía puede cambiar, relajando la tensión que había estado manteniendo y permitiendo a Adela volver a relacionarse consigo misma y con los demás.

Esto es muy importante: solo cuando estamos enraizados y en sintonía con nosotros mismos podemos sentirnos conectados y en sintonía con otra persona. Usando la sintonía superior puedes conectar más plenamente contigo mismo y estar más disponible para la otra persona. Sin una correlación bien enraizada —en la que ambas partes estén encarnadas, sintonizadas y pongan su intención en la interacción—, puede que te sientas activado o provocado por algo de la historia de Adela cuando toque sentimientos no resueltos en tu propia relación romántica. O, si tu miedo sigue siendo inconsciente y no lo sientes, puedes intentar darle a Adela consejos procedentes de tu temor. Sin embargo, si estás en verdadera relación con Adela, podrás albergarla dentro de ti. Con una presencia enraizada, empezarás a notar detalles sutiles que antes habían sido invisibles para ti.

Al elegir conscientemente permanecer abierto y conectado con lo que sientes o percibes, proporcionas un apoyo tácito pero muy real a los que se conectan contigo.

Estar realmente presente con otra persona es uno de los regalos más preciosos que puedes ofrecerle. Al cabo de poco tiempo de estar juntos de esta manera, Adela también empezará a sentirse un poco más enraizada y relajada. Tu sistema nervioso relajado y enraizado ofrece una función de corregulación al sistema nervioso de Adela. Al elegir conscientemente permanecer abierto y conectado a lo que sientes o percibes, proporcionas un apoyo tácito pero muy real a los que se conectan contigo.

Nuestra tarea, por tanto, es anclarnos en el auténtico proceso de la escucha: conectar con la energía mental de la otra persona, presenciar y albergar su energía emocional, estar presentes con su cuerpo físico. Cuando estamos más retraídos y cerrados energéticamente, la cantidad de energía e inteligencia superior que puede fluir a través de nosotros está igualmente restringida. Cerramos la válvula a la sabiduría emergente, al flujo futuro. En lugar de sentirnos conectados con los demás y abiertos al presente, existimos en relación con el pasado. Pero al practicar conscientemente la sintonización enraizada, nos hacemos más accesibles al proceso de ser y llegar a ser. La sintonía enraizada aumenta nuestra capacidad de responder a las experiencias y mejora nuestra resiliencia. Aumenta nuestra capacidad de responder inteligentemente en lugar de reaccionar. Todas estas son formas importantes de aceptar la *respon-abilidad* de nuestras vidas, lo que nos permite vivir más profundamente la directiva de "despertar, crecer, limpiar y presentarse" descrita por el filósofo y teórico integral estadounidense Ken Wilber. Estar verdaderamente presente requiere compromiso y práctica.

Por supuesto, es posible que nos propongamos estar enraizados, ser intencionales y encarnados al relacionarnos con los demás, pero que nuestras interacciones nos resulten incómodas o incluso difíciles. A menudo, me preguntan: "¿Qué hago cuando encuentro resistencia por parte de la otra persona?". Si tu intención es estar en un espacio de relación sana, la respuesta es muy sencilla: *estate con ello*. Acompaña la resistencia. Nótala, siéntela. Al fin y al cabo, si has puesto como condición previa que la otra persona esté totalmente abierta durante todo el intercambio, ¡ya has limitado la interacción! Cualquier resistencia que sientas por su parte hará que te contraigas, que te alejes. Puede que te hayas presentado a la experiencia con un *sí,* pero cuando has sentido el *no* de la otra persona, has expresado rápidamente otro *no* en consonancia. Afrontar la resistencia con resistencia no suele ser eficaz para mantener la conexión. La clave está en llevar conciencia al proceso; la conciencia mejora la coherencia, lo que aumenta el espacio y la claridad, y abre la puerta a una relación sanadora.

Al crear una práctica de conciencia diaria y continua, cultivamos una perspectiva madura y la capacidad de relacionarnos con los demás, un proceso continuo que requiere humildad y la voluntad de permanecer abiertos a lo nuevo y de aceptar que no sabemos.

LA PRÁCTICA DE LAS TRES SINCRONIZACIONES

Podríamos pensar que la coherencia es un estado óptimo en el que la mente está alerta, el corazón abierto y receptivo, y el cuerpo energizado y equilibrado. Aunque esto es cierto, la coherencia es, sobre todo, la capacidad de estar presente en las experiencias de la mente, el corazón y el cuerpo, sean cuales sean, mientras participamos directamente en la vida. La idea de crear una coherencia personal sostenida puede sonar como una aspiración, o algo ambicioso para algunos, pero, en realidad, con la práctica todos podemos experimentar una mayor coherencia.

A medida que transcurra el día, practica ser consciente de lo que está ocurriendo dentro de ti, y al mismo tiempo estate presente a cualquier cosa que ocurra fuera de ti. En otras palabras, mientras te relacionas con los demás —tus compañeros, tu pareja, tu vecino— y realizas tus tareas cotidianas —responder al correo electrónico, hacer una presentación, preparar la cena—, practica el darte cuenta de lo que ocurre en tu paisaje interior. ¿Qué sensaciones notas en el cuerpo? ¿Qué pensamientos o emociones están presentes? Si observamos regularmente nuestro interior al mismo tiempo que experimentamos el exterior, podemos empezar a desarrollar una mayor sensación de alineamiento y totalidad, a la que yo denomino *coherencia interior/exterior*.

Llamo a este proceso la *Práctica de las tres sincronizaciones*. Una vez más, el objetivo es simplemente ser conscientes de nuestro interior —nuestras experiencias físicas, mentales y emocionales— al tiempo que estamos presentes al exterior —trabajo, relaciones, vida—. A medida que practicamos, profundizamos en el contacto con nuestra vulnerabilidad y ampliamos el sentido de nuestra propia humanidad.

Cuando los grandes místicos se sentaban en contemplación, estaban, de hecho, mejorando la resolución de su perspectiva, de su visión del mundo. Cuanto más de cerca miramos una fotografía digital de baja resolución, más pixelación, desenfoque y falta de claridad percibimos. Cuanto mayor es la resolución, mayor es la coherencia, lo que aporta nuevas percepciones y claridad. Cuando los cuerpos físico, emocional y mental están sincronizados, aumenta la coherencia. Nos sentimos menos fragmentados, más completos e integrados. Hay más espacio disponible a través del cual acceder a recursos nuevos y de mayor potencial.

Recuerda: este trabajo es un proceso continuo y dinámico más que una serie de pasos o técnicas a prueba de fallos. Y el primer paso de cualquier proceso contemplativo consiste simplemente en tomar conciencia.

PRÁCTICA: LA TÉCNICA DE LAS TRES SINTONÍAS

La práctica de las tres sintonías se basa en la toma de conciencia para ayudarte a crear una mayor coherencia entre el interior y el exterior. Puedes utilizarla para generar una mayor conciencia del cuerpo, la mente y las emociones y, por lo tanto, una mayor coherencia entre ellos. La técnica puede utilizarse con regularidad o cuando sea necesario, y puede modificarse para que se adapte mejor a tus necesidades actuales. Puede que desees leer toda la práctica y después repetírtela con tus propias palabras durante una meditación en silencio. También puedes grabarte a ti mismo leyéndola en voz alta para escucharla durante la práctica.

Comienza consultando brevemente contigo mismo cómo estás. ¿Cómo te sientes en tu cuerpo? ¿En qué medida eres capaz de sentir las diversas partes del cuerpo?

Si te resulta útil, toma un par de respiraciones profundas. Mientras lo haces, ralentiza la exhalación, dejándote orientar hacia la percepción corporal.

Observa tu postura y el hecho de que estás respirando. Observa la sensación de estar sentado. ¿Cómo sientes la pelvis?

Ahora observa, si puedes, las sensaciones más sutiles, como hormigueos, corrientes o pulsaciones dondequiera que estén en tu cuerpo.

Mientras observas estas sensaciones, estás sintonizando con el flujo de datos del cuerpo. El sistema nervioso anima tu percepción corporal. Es una tecnología de la información muy sofisticada.

En tu cuerpo, puedes notar zonas más densas, tensas o quizá ausentes, en las que es más difícil conectar con cualquier sensación. Tal vez se trate de patrones de estrés que están siendo comunicados en el flujo de datos. Si puedes, simplemente permítete abrazar con compasión cualquier sensación que sientas en el cuerpo.

Puede que notes una sensación de *fluidez* o zonas de percepción abierta y de enraizamiento en las que dispones de recursos. O puede que percibas zonas de tensión, estrés o desconexión. Incluso es posible que ambas estén juntas. Simplemente date cuenta.

Ahora, presta atención al cuerpo emocional: ¿cómo sientes tu experiencia emocional en este momento? ¿Hay alguna emoción que puedas identificar? ¿O quizás haya un poco de insensibilidad o un sentimiento de desconexión? Observa lo que está presente y abraza tu experiencia con compasión.

Ahora consulta cómo está tu mente. ¿Está ocupada, abierta, tensa, curiosa, relajada, tranquila? Solo tienes que darte cuenta y permitirlo.

Pregúntate: "¿Qué es lo que es consciente de notar la actividad de mi mente? ¿Qué parte de mí es la conciencia misma?".

Si lo que sientes y percibes son las letras de un libro, ¿qué es el papel? ¿Qué es el espacio que le da a la información y a la percepción un lugar donde existir?

Al notar la conciencia espaciosa, considera por un momento a todas las demás personas que están leyendo o leerán estas páginas, a todas las demás personas que han practicado o practicarán de manera similar. Dondequiera que estén en el mundo, ahora mismo hay muchos miles de personas que están sintonizando con la respiración, el cuerpo, la mente, las emociones, la amplitud dentro de ellas y a su alrededor, y con la conciencia misma. Al abrir tu conciencia a esas personas, es posible que sientas la presencia de toda una comunidad que está aquí, ahora mismo, practicando contigo. De hecho, tienes la capacidad de *sentir el campo más amplio* y de percibir la información almacenada en el tejido social.

Ahora, sin desconectarte de ese campo más amplio, respira lentamente y suéltalo.

La coherencia óptima entre el interior y el exterior se expresa como un equilibrio vital entre espacio y estructura, espacio y energía, y espacio e información. ¿Conectas con tu guía interna? ¿Eres capaz de escuchar su susurro y de seguir la aguja de su brújula? ¿Estás aprendiendo a percibir las capas sutiles de información dentro de ti y a tu alrededor? Cuando no hay suficiente coherencia entre interior y exterior, hay demasiado *ruido*. Todo es demasiado ruidoso, lo que dificulta escuchar la sabiduría interior o sintonizar con precisión con las dimensiones sutiles. Cultivar una sensación de amplitud o quietud interior nos permite reducir el ruido para poder oír con más claridad la vocecita de la intuición y la guía interna, y el susurro del futuro.

Por supuesto, el espacio interno y el silencio son independientes del ruido externo. A menudo, oigo a los alumnos quejarse de que les resulta demasiado difícil meditar sin un silencio absoluto y, como respuesta, les recomiendo que mediten en el metro, en un parque concurrido, en la oficina o en casa, con todos los ruidos de la familia alrededor. Como nos enseñan las tradiciones místicas, la verdadera quietud no puede ser perturbada; la verdadera paz no puede ser interrumpida. Aprender a permanecer conectado con la quietud en medio del ruido del mundo es una práctica vital para nuestro tiempo.

Los místicos practican mantener una ventana abierta. Imagina una ventana vacía que está abierta en el escritorio de tu ordenador. Nada la llena: ni aplicaciones, ni archivos, nada en lo que trabajar. Lo único que hay dentro de la ventana es el código fuente del ordenador, que siempre se ejecuta silenciosamente en segundo plano. Mientras llevas a cabo las rutinas de la vida diaria —desde el trabajo hasta el cuidado de los niños o la cena con los amigos—, puedes mantener una ventana abierta, un espacio dentro de ti que siempre esté en contacto con la fuente y disponible para la nueva sabiduría, la nueva luz.

Fares Boustanji enseña dinámicas energéticas a líderes y equipos corporativos con la ayuda de grandes y poderosas aves de presa, como águilas, halcones y otras rapaces. Cuando empezó a trabajar con ellas, Boustanji no entendía por qué cuando dejaba que las aves volaran libremente, unas veces volvían a él al oír su silbido y otras veces se negaban. Cinco años después supo la respuesta.

Cultivar una sensación de amplitud interior o quietud nos permite reducir el ruido para poder escuchar con mayor claridad la vocecita de la intuición y la guía interna, junto con el susurro del futuro.

Estas regias criaturas solo pueden relacionarse de verdad con los humanos cuando estamos plenamente enraizados en nuestra propia energía, centrados en nuestros cuerpos y no distraídos por pensamientos y sentimientos. Para merecer el respeto de un halcón de Cooper o de una águila dorada —y, por lo tanto, para ganase su confianza— tienes que estar plenamente presente y encarnado. Como dice Boustanji: "Para entrar en contacto con el otro, tienes que estar en contacto contigo mismo".[2]

Al comprometernos con la vida como una práctica continua de construir conciencia y coherencia, aprendemos a perfeccionar el arte de la sintonía: el equilibrio entre lo interno y lo externo, entre yo y el otro, entre ser y pertenecer.

4

EL ARTE DE LA COMUNICACIÓN TRANSPARENTE

Cuanto más nos desprendemos de las constricciones protectoras de nuestro cuerpo, más nos abrimos a nosotros mismos y nos reconocemos como la base limpia de la conciencia fundamental.

—JUDITH BLACKSTONE

La atención sin sentimiento, según empecé a aprender, es solo un informe. Una apertura, una empatía, era necesaria para que la atención fuera relevante.

—MARY OLIVER

En 1973, el biólogo Rupert Sheldrake estudiaba en Cambridge el desarrollo de las plantas y se interesó por el concepto de los campos morfogénicos, los campos que estructuran la forma. Él intuyó que estos campos podían desempeñar un papel vital en el desarrollo de las plantas, pero reconoció que no podían transmitirse genéticamente. Este obstáculo desencadenó una profunda intuición, cuya investigación más sistemática se convirtió en su hipótesis de la resonancia mórfica, que Sheldrake propondría más adelante como un patrón organizativo subyacente a la vida. "En los sistemas autoorganizados de todos los niveles de complejidad —escribe— existe una totalidad que depende de un campo organizativo característico de ese sistema, su campo mórfico".[1] Unos cuarenta años más tarde, Sheldrake explicaba:

> La resonancia mórfica es la influencia de estructuras de actividad previas en similares estructuras de actividad posteriores organizadas por campos mórficos. Permite que los recuerdos del pasado atraviesen el espacio y el tiempo... Esto significa que todos los sistemas autoorganizados, como las moléculas, los cristales, las células, las plantas, los animales y las sociedades animales tienen una memoria colectiva de la que cada individuo se nutre y a la que contribuye. En su sentido más general, esta hipótesis implica que las llamadas leyes de la naturaleza son más bien hábitos.[2]

Enseño y escribo sobre los mismos conceptos —"memoria colectiva", "estructuras vivas" y "hábitos humanos"— de una forma no muy distinta: todos nacemos y nos formamos en diversos campos colectivos, una macrorepresentación de lo que nuestros propios cuerpos y psiques expresan individualmente. Estos campos anidados o matrices contienen y transmiten nuestra memoria social, nuestra arquitectura social y nuestros hábitos, desde los arquetipos humanos universales hasta los lenguajes y los códigos culturales específicos. Toda la gente y todas las sociedades conforman y son conformadas por ellos; son campos morfogénicos.

Los pioneros del *Presencing,* Peter Senge, Otto Scharmer y sus colegas, elaboran el concepto de resonancia mórfica de Sheldrake de la siguiente manera:

> Cada célula contiene una información idéntica del ADN del organismo mayor, pero las células también se diferencian a medida que maduran, por ejemplo, en células oculares, cardíacas o renales. Esto ocurre porque las células desarrollan una especie de identidad social en función de su contexto inmediato y de lo que necesitan para la salud

de todo el organismo. Cuando el campo mórfico de una célula se deteriora, su conciencia del todo mayor también se deteriora. Una célula que pierde su identidad social vuelve a la división celular ciega e indiferenciada, lo que en última instancia puede amenazar la vida del organismo entero. Es lo que conocemos como cáncer.[3]

A escala colectiva, la sombra, el trauma y la fragmentación que crea el deterioro de los campos mórficos dentro de los seres humanos y entre las sociedades humanas produce más o menos lo mismo. Examinaremos estos conceptos con más detalle en el capítulo 6. Al igual que refinar el arte de la sintonización es crucial para relacionarse de forma auténtica —para una comunicación transparente—, es vital comprender más profundamente lo que somos como individuos y cómo funcionamos como comunidad de seres.

DESARROLLAR LA CONCIENCIA DE LA COMUNICACIÓN CORPORAL INTERNA

Cuando éramos niños, todos aprendimos sobre los cinco sentidos, cada uno de ellos asociado a su propio órgano sensorial físico: ojos, oídos, lengua, nariz y piel. Más tarde, puede que aprendiéramos otros sentidos, como el equilibrio, la propiocepción —el sentido del movimiento y la posición en el espacio— y la interocepción —el sentido del interior del cuerpo, como cuando sentimos sed, hambre, frío o calor—. Además de estas percepciones corporales, poseemos muchos sentidos sutiles, como la cognición, la emoción, la intuición, la resonancia o disonancia, y otras impresiones que pueden surgir independientemente o en combinación con las sensaciones físicas y las impresiones mentales o emocionales. La mayoría de nosotros prestamos mucha menos atención a la información más fina y sutil que recibimos, pero a menudo contiene información esencial, una verdad que las numerosas tradiciones espirituales de nuestro mundo han señalado durante milenios.

Como comentamos en el capítulo anterior, al utilizar una práctica para sintonizarnos, somos más capaces de percibir nuestros mundos interno y externo juntos y con más resolución. Y por muy alta que sea la resolución que alcancemos, siempre es posible llegar a un nivel aún más alto. Los místicos dicen que vivimos simultáneamente en un universo físico y en un universo sutil —campo de información—. Nuestros cuerpos físicos crean el lugar central de nuestra conciencia en la tercera dimensión, pero también existimos como espacio vacío. Somos al mismo tiempo onda y partícula.

Todos hemos experimentado las limitaciones del universo físico: nos hemos caído de la bicicleta o hemos chocado con objetos sólidos mientras caminábamos entre una multitud —¡o en nuestro propio salón!—. Todos conocemos el dolor de no prestar suficiente atención cuando corremos por un parque o caminamos descalzos por la noche. Con la comunicación transparente, aprendemos a estar atentos a la sensación de resistencia energética y a los obstáculos energéticos que encontramos en la dimensión relacional.

Por ejemplo, aprendes a percibir con más claridad cómo se siente el *no* de otra persona, aunque todavía no haya dicho ni una palabra. Aprendes a sentir esa sensación de resistencia —patrón de defensa—: es como chocar con una puerta cerrada. Si no eres consciente de esta resistencia sutil, no te darás cuenta de sus señales y puede que presiones demasiado, lo que creará una sensación de presión en la otra persona; una presión que se transmitirá de vuelta, de modo que ambos os sentiréis incómodos. La resistencia y la incomodidad que sientes empezarán a reducir la fuerza de vida disponible dentro de ti. Puede que lo experimentes como una sensación de tensión y que intentes compensarla o suprimirla. Consciente o inconscientemente, sentirás que algo no está bien.

Quizá más tarde, cuando te alejes, sientas un gran alivio por haber terminado la conversación, pero el hecho de que la resistencia, la tensión y la incomodidad estuvieran presentes son señales de que pasaste ese tiempo con la otra persona en un espacio inconsciente. Te has perdido algo, y eso tiene consecuencias: puedes sentirte cansado, confuso o incluso un poco molesto o irritado. Tal vez empieces a hablar de la otra persona con un amigo para intentar aclarar lo sucedido, en un intento de resolver la energía no procesada entre vosotros.

El karma es experiencia pospuesta.

Si te vas de una situación, reunión o conversación con un grado de vitalidad o vivacidad menor del que tenías al llegar, sabes que has perdido algo. Nuestra energía de vida es un indicador o medidor importante de los procesos conscientes.

Las tradiciones orientales se refieren a este residuo no procesado como karma: energía del pasado sin procesar que sigue aflorando en el presente. En otras palabras: el karma es experiencia pospuesta. La presencia del karma crea una irritación que indica la presencia de la sombra: cada vez que experimento irritabilidad, una campana de notificación está sonando en mi conciencia. Si me permito notar la sensación y sentir lo que me está pidiendo, la perturbación puede transformarse en una bendición.

Cuando la entendemos así, vemos que sentir y notar la irritación en sí es una percepción sutil. Y hay muchas otras: momentos de resistencia, cansancio y agotamiento, por ejemplo. Estas sensaciones no tienen por qué percibirse como negativas, sino más bien como indicadores sutiles que apuntan a una oportunidad para mirar más profundamente, para crear más conciencia interna, más espacio interno y más sintonía y disponibilidad con lo que existe. Este proceso consiste tanto en escuchar como en percibir, lo que significa que es una especie de comunicación interna.

MISTICISMO RELACIONAL

En la comunicación transparente, escuchar tiene dos facetas. La primera requiere que dejes espacio en tu interior para recibir, no solo para responder. Cuando escuchas atentamente a un colega, amigo, compañero o conocido, puedes prestar parte de tu atención al estado de tu espacio interno y a lo que ocurre en él. ¿Te sientes abierto y relajado mientras escuchas? ¿Tienes espacio dentro para acoger sus palabras y sentimientos? ¿Cuánto espacio tienes disponible para recibir su comunicación? ¿Qué sensaciones surgen en tu interior mientras te comunicas? Se trata de asimilar las palabras de la otra persona y dejarse tocar por lo que se ha compartido.

Digamos que estás en desacuerdo con alguien, quizá incluso en un descuerdo muy fuerte. ¿Se reduce o contrae tu sensación del espacio interno? ¿Sientes que internamente te opones o bloqueas sus palabras e intenciones? ¿Sientes que te endureces? ¿Estás más rígido? ¿Qué emociones sientes que provienen de la otra persona? En las conversaciones difíciles suele producirse un cierre o una separación. Cuando esto ocurre, el resto de la conversación puede parecer un partido de ping-pong: se lanzan palabras al otro lado de la red, pero se dejan de compartir y recibir los sentimientos, las ideas y otras percepciones.

La verdadera escucha requiere un espacio abierto y aporta una sensación de relajación y de apertura hacia delante. El oyente más profundo es la conciencia despierta; en otras palabras, la parte de ti que escucha más profundamente es la conciencia pura. Este estilo de escucha es una capacidad receptiva y, por tanto, femenina. Te permite asimilar las ideas, los puntos de vista, los sentimientos, las motivaciones, las intenciones y las circunstancias vitales de los demás. En el fondo, la escucha profunda consiste en recibir la vida con el corazón abierto. Fortalecer esta capacidad te permite estar más disponible ante la vida y responder desde tu verdadero centro. La capacidad de escuchar de este modo se desarrolla a medida que te abres a una mayor quietud, presencia y vacío.

La segunda faceta de la escucha en la comunicación transparente guarda relación con la sintonía. Si tú y yo estamos sentados en un restaurante ruidoso y lleno de gente, es probable que nos cueste oírnos. Si empiezo a hablar de algo importante para mí, puede que te cueste seguirme. Si es importante que me oigas, probablemente te inclinarás y te concentrarás en mi boca y en el sonido de mi voz. En su libro *Gathering Moss,* Robin Wall Kimmerer, botánica y miembro del Clan del Oso de los Potawatomi, escribe: "Esforzarse por oír una voz lejana o captar un matiz en el subtexto tranquilo de una conversación requiere atención, filtrar todo el ruido para captar la música".[4] Centrarás toda la atención que puedas en mí, excluyendo el clamor y las distracciones que nos rodean. Yo tendré que ser preciso con mis palabras para que puedas seguirme, y cuando hables, yo también me esforzaré por anclar mi atención en ti.

Cuando algo es importante para nosotros, tenemos la capacidad de darle nuestra atención unificada. Esta capacidad se busca y se refuerza en las tradiciones espirituales, donde la capacidad de atención clara y muy focalizada es signo de una práctica meditativa muy refinada. Cuando alcanzas este estado, tu conciencia está afilada: es clara, precisa y específica. Así, mientras que la quietud, la presencia y el vacío son universales por naturaleza, la sintonización es muy específica; tiene que ver con la precisión y la particularidad.

Así, la práctica contemplativa sostenida guía al practicante tanto hacia una mayor comprensión de lo vasto y profundamente universal como hacia una percepción refinada de lo claro y marcadamente específico. Cuando estás sentado en la quietud de la meditación profunda, solo existe el silencio de la conciencia pura. Puedes descansar en este estado durante horas: no surge ningún cuerpo, ninguna emoción, ningún pensamiento, solo la gran presencia magnética de la conciencia expandida. A medida que profundizas en la práctica, descubres una mayor capacidad de acoger el mundo y tu vida dentro de ti. Puedes acogerlo todo en tu conciencia, tanto en su especificidad como en su inmensidad. Esto, a su vez, aumenta tu capacidad de sintonizar y de dar espacio a todo lo que encuentres.

Esto describe una práctica profundamente participativa a la que yo llamo *misticismo relacional.* En lugar de buscar la realización en reclusión o retirándonos de la vida ordinaria, creamos una práctica viva que se mantiene constante mientras nos comprometemos con las exigencias cotidianas del trabajo, la familia, la comunidad y la cultura. Es una práctica espiritual de encarnación en los ámbitos personal y transpersonal. Despertamos en el contexto del mundo y del mercado contemporáneo, no al margen de ellos. Es, por tanto, un impulso profundamente inmersivo, cocreador y procultural en el que nos guiamos por nuestro amor a la humanidad y nuestra pertenencia a ella para cuidar unos de otros y del mundo, tanto de sus partes bellas como de las difíciles. Como místicos culturales, estudiamos el libro de la vida.

El misticismo relacional es un profundo compromiso que asumimos con la vida. Estamos vivos, lo que significa que estamos aquí cuando nos sentimos bien y también cuando nos sentimos mal. Nos comprometemos con todo ello, con algo más grande que la evitación del dolor y la búsqueda del placer. Nos comprometemos profundamente con nuestras responsabilidades diarias, incluyendo a nuestras parejas, nuestros hijos y nuestro trabajo. Nos comprometemos con las contribuciones que nos sentimos guiados a hacer: nos comprometemos con nuestra comunidad, con nuestra sociedad, con nuestro planeta. Nos comprometemos con la paradoja de la no dualidad, de la *no unidad*, que consiste en que todos somos uno y, sin embargo, cada uno de nosotros es totalmente específico, totalmente único. Estas verdades existen en una unidad fluida y dinámica, y todos estamos llamados a participar en ellas y a ser sus testigos.

ESTUDIAR EL LIBRO DE LA VIDA

Como hemos visto, cada ser humano es una vasta biblioteca de información que incluye energía, datos e inteligencia, y cada uno de nosotros somos receptores refinadamente adaptados. Ser capaces de llamarnos los unos a los otros a través de múltiples canales y modulaciones es una capacidad humana superior, además de un derecho de nacimiento. Con una conciencia refinada de las señales sutiles que transmitimos, incluida la información sobre nuestro pasado, presente y futuro, podemos escuchar, percibir y comunicarnos a través de múltiples frecuencias y dimensiones.

Si quieres escuchar música mientras conduces, enciendes la radio y buscas una emisora que ponga algo bueno. A medida que recorres los canales, te encuentras con todo tipo de música, noticias, programas de tertulias y, probablemente, algo de ruido de fondo. Algunos canales se escuchan con claridad, mientras que otros son más débiles y difíciles de oír. Entonces encuentras tu canción.

En el fondo, la comunicación transparente emana del principio de *unidad interconectada*, un término atribuido a Cynthia Bourgeault[5]: Te escucho, te acojo, sintonizo. Te recibo dentro de mí. Oigo tu inteligencia. Siento tus sombras. Noto tu belleza. Percibo algo de tu pasado, de tu presente y de tu futuro. Oigo tu canción, que es como la mía y, sin embargo, completamente única en la totalidad del universo.

Cada ser humano transmite y recibe todo tipo de música, incluidos los acordes del pasado, del presente y del futuro. Juntos, llevamos a cabo una investigación viviente para descubrir el poder de la transmisión y la recepción —o percepción—, y para practicar la sintonización con nuevos canales, frecuencias más altas y amplitudes más profundas. La comunicación transparente nos invita a reconocer que la vida contiene toda la información que podamos necesitar y que nuestro trabajo consiste en aprender a recibirla y a leer el libro de la vida.

Cada momento, cada situación difícil en la que te encuentras, contiene la totalidad del libro, toda la información que podrías necesitar. Tanto si estás dando un paseo, como si estás sentado en tu lugar de trabajo, visitando a tus amigos, pasando tiempo con tus seres queridos o meditando a solas, puedes estudiar continuamente la vida y profundizar en su comprensión.

LA COMUNICACIÓN TRANSPARENTE ES UNA PRÁCTICA EVOLUTIVA

En *De perros que saben que sus amos están camino de casa*, Sheldrake escribe:

Los campos mórficos mantienen unidas y coordinan las partes de un sistema en el espacio y el tiempo, y contienen una memoria de anteriores sistemas similares. Los grupos sociales humanos, como las tribus y las familias, heredan a través de sus campos mórficos una especie de memoria colectiva. Los hábitos, las creencias y las costumbres de los antepasados influyen en el comportamiento del presente, tanto consciente como inconscientemente.[6]

Buena parte de lo que llamamos *instinto,* dice Sheldrake, también podría llamarse *hábitos colectivos.* Son los impulsos y comportamientos refinados por la evolución a lo largo de incontables generaciones. Aunque muchos de nuestros instintos o hábitos nos han ayudado durante siglos, ciertos hábitos y estructuras se vuelven inevitablemente restrictivos, obsoletos o insuficientes para ayudarnos a afrontar las realidades contemporáneas. Por tanto, nos impiden acceder a futuros potenciales.

Cuando te sientas a hablar con un amigo o un colega, las viejas estructuras y hábitos que hay en ti chocan con las viejas estructuras y hábitos que hay en él o ella, y os reforzáis mutuamente estos antiguos patrones. Sin embargo, cuando hay suficiente espacio dentro de ti, eres capaz de ser testigo del patrón a medida que aflora, en lugar de identificarte con él. Te das cuenta de tus hábitos como objetos en la conciencia, en lugar de experimentarlos inconscientemente como el sujeto o como el yo. Esta combinación de espacio y presencia tiene un efecto profundo: permite que surja algo nuevo, tal vez una nueva forma de pensar sobre nuestra situación actual o de afrontarla, un nuevo potencial evolutivo, nuevas estructuras en la consciencia.

Mediante la práctica de la presencia, que aprenderás a lo largo de este libro, puedes aquietarte el tiempo suficiente para notar, percibir y sentir todo lo que surge en el momento presente. Te vuelves más consciente, estás más despierto. Al presenciarte a ti mismo y tu conciencia interna, abres un portal a la nueva luz, a la información superior y a nuevas capacidades personales. Al ofrecer nuestra presencia *unos a otros*, tú y yo hacemos lo mismo: dejamos espacio para la luz superior y para nuevas competencias relacionales. Descubrimos nuevas maneras de conectar. A medida que las capacidades relacionales superiores entran en nosotros, simultáneamente se descargan y se ponen a disposición como parte de la experiencia humana colectiva. Así, lo que aprendemos juntos se convierte en una probabilidad más accesible para los demás.

La comunicación misma es un proceso evolutivo y un área de estudio increíblemente fascinante. En nuestro cuerpo, las células cardiacas se comunican con otras células cardiacas. Las células nerviosas se comunican con otras células nerviosas y todas las células se comunican con el todo. En el nuevo campo de la *neurobiología vegetal*, los científicos estudian cómo se comunican las plantas, e incluso procesan y almacenan información. Muchos de estos científicos, entre ellos el genetista estadounidense-israelí Daniel Chamovitz, proponen que las plantas son capaces de "ver, sentir, oler y recordar". Asimismo, en otro ámbito —el de lo muy pequeño—, los físicos nos dicen que, incluso a gran distancia, los objetos cuánticos que han interactuado entre sí siguen estando permanentemente correlacionados o entrelazados, un proceso conocido como *no localidad cuántica*, que se parece extrañamente a una forma de comunicación instantánea.[7]

La comunicación humana también se desarrolla y es de naturaleza evolutiva: a medida que repetimos los pasos o las rutas del proceso, se refuerzan las estructuras previas de relación. Pero cuando esas estructuras se vuelven limitadas, podemos reestructurarlas para introducir lo nuevo. Podemos recablear o reescribir el código subyacente. Para ello, debemos permanecer conscientemente abiertos a lo *emergente,* a lo que está viniendo a ser, en lugar de quedarnos anclados en suposiciones, hábitos o tendencias del pasado. Este emerger se produce cuando nos relacionamos siendo testigos unos de otros para crear más espacio, más presencia y más sintonía, incluso y especialmente cuando vuelven a aparecer patrones relacionales del pasado.

Si tú y yo estamos hablando y tú dices algo que activa o desencadena el pasado dentro de mí, es probable que me contraiga y me vuelva más rígido. Has tocado algo que quedó guardado en mi sistema en el pasado, y se despliega una cascada de efectos, aunque tú y yo solo nos demos cuenta de mi reacción, que es la punta del iceberg. Si me detengo a pensar en lo que está ocurriendo, puedo notar una contracción repentina o una sensación de opresión en el corazón. En ese estado contraído, me aíslo tanto de ti como de mi propio potencial y de mi luz futura.

En cuanto reacciono, no tengo futuro; me quedo atado únicamente a hábitos físicos, mentales y emocionales que pertenecen al pasado. Todo lo que digo o hago procede de un condicionamiento previo, no de un enfoque novedoso o creativo del presente. Pero, si mis patrones condicionados no han resuelto mis problemas antes, es poco probable que lo hagan ahora. Resolver es encontrar una nueva solución. Resolver un conflicto de pareja consiste en emerger juntos a una nueva realidad. Se trata de crear relaciones emergentes.

En una relación emergente —incluso en un matrimonio duradero, por ejemplo—, solo existe nuestro encuentro momento a momento, nuestra relación momento a momento. Participamos consciente y continuamente, para siempre. Al relacionarnos desde lo que emerge, descubrimos que incluso alguien a quien conocemos desde hace muchos años es siempre y eternamente nuevo; nunca terminamos de descubrirnos uno a otro. Las relaciones emergentes nos plantean el reto de ser verdaderamente capaces de responder unos a otros y a lo que surja en nuestro interior y entre nosotros. Se nos pide que seamos testigos mutuos receptivos, capaces de crear más espacio y más presencia. De este modo, creamos conjuntamente un campo de amor.

Cada vez que te vuelves más consciente y receptivo
a un aspecto previamente inconsciente de ti mismo,
a esa parte fragmentada de ti se le invita a volver al
redil, y te vuelves más completo como ser humano.

FLORECIMIENTO RELACIONAL

Cuando practicamos una comunicación transparente, estamos participando en una comunidad de práctica. Las capacidades de desarrollo a las que accedemos juntos se ponen a disposición de todos.

La primera prueba es siempre nuestro propio cambio interno: tienes una comprensión, integras un aspecto de tu sombra o vives una experiencia de despertar, lo que significa que más de tu potencial futuro se hace visible y está disponible para ti en el presente. Cada vez que te vuelves más consciente y receptivo a un aspecto previamente inconsciente de ti mismo, a esa parte fragmentada de ti se le invita a volver al redil, y te vuelves más completo como ser humano. Esto crea una nueva apertura para tu fuerza de vida, y sientes un incremento de energía que a continuación puede ser canalizada hacia tu crecimiento.

Observa las similitudes entre este tipo de integración y la antigua tradición chamánica de recuperación del alma, o la tradición indígena descrita por el psicoterapeuta y autor Eduardo Durán como la curación de la "herida del alma". En el fondo, el trabajo de integración está relacionado con el misterio. Tal vez por eso es posible que se produzca una curación radical, un cambio repentino e irrevocable o un despertar y una integración. Este es el tipo de curación que no requiere sesiones de seguimiento; llega hasta el fondo.

Sin embargo, la mayor parte del tiempo somos como una frágil planta de interior que lucha por crecer en una ventana orientada al norte. Cuando recibimos los cuidados y la luz suficientes, florecemos. Y cuando nos relacionamos con otras personas que comparten una visión similar o una cualidad de inspiración en su viaje, las sentimos como una especie de fertilizante para nuestro crecimiento; y se produce un florecimiento relacional. Mi futuro se encuentra con el tuyo, y brillan juntos dentro de nosotros, encendiendo nuevas comprensiones e ideas. Cuando mantenemos un diálogo inspirador, tocamos el futuro, tirando de él hacia nosotros para que sea más posible, más real. Si otros se unen a nosotros, creamos un campo compartido que estabiliza nuestras ideas creando nuevas estructuras en la conciencia. En esta dimensión transpersonal entra la luz: las energías culturales —nuestros hábitos, patrones y estructuras colectivas— se vuelven menos densas, por lo que se liberan nuevos impulsos y nuevos poderes de manifestación. Como comunidad de practicantes, generamos nuevos modelos para el desarrollo humano.

En realidad, lo que llamamos *comunicación transparente* es una tapadera para comprometernos con la vida como místicos sociales y relacionales. Un místico social es un practicante profundamente espiritual dentro del marco cultural o del mercado contemporáneo. Como místicos sociales, hemos salido de las cuevas y los *ashrams,* de las ermitas y los monasterios, para permanecer juntos como una fuerza cultural. Colectivamente, habitamos tanto nuestra pertenencia como nuestro devenir.

De otro modo nos encontramos sacrificando un aspecto por el otro. Podemos renunciar a nuestro devenir —nuestro desarrollo o evolución personal— por miedo a perder la pertenencia social. O podemos sacrificar la pertenencia, absteniéndonos de compromisos más profundos con las relaciones, los grupos o nuestra comunidad, por miedo a que estos compromisos detengan nuestro devenir. Puede que tengamos buenas razones para tener miedo. En el pasado, puede que nos hayamos encontrado en familias o redes sociales en las que no podíamos respirar; no había espacio suficiente para el crecimiento y la pertenencia.

Sin embargo, como místico social, te involucras en una práctica de conciencia profundamente participativa. Te permites darte cuenta de cómo te sientes en tus relaciones, incluida la relación con tu comunidad y con la sociedad. Mientras lo haces, ponte en presencia de lo que estás notando y toma una resolución más elevada. Se trata de un trabajo de purificación que te permite prestar atención tanto a tu crecimiento individual como a tu comunidad de práctica y conexión.

En su libro *Cosmos y Psique*, el autor e historiador cultural Richard Tarnas describe que los avances sociales de las sucesivas generaciones recientes han traído y combinado nuevos impulsos para nuestro tiempo, culminando en una "llamada colectiva no solo a un *despertar* a las dimensiones espirituales y arquetípicas del ser, sino a un despertar a una nueva *relación* con esas dimensiones del ser radicalmente participativa, cocreativa, pluralista y dialógica". El ideal que invoca esta llamada —escribe Tarnas— es "a la vez unitivo y pluralista, emancipador y relacional, socialmente comprometido y espiritualmente informado, encarnado y con alma".[8]

Como místicos sociales, aceptamos esta vocación. Representamos una mayor intimidad y conciencia, haciendo que el ideal de Tarnas sea más posible para todos.

La comunicación transparente es fundamentalmente una práctica experiencial y emergente; nos permite crear más espacio y una presencia más profunda para el despliegue de un futuro novedoso. El futuro es más sutil que la experiencia actual; llega como un susurro de luz. Los grandes maestros practicaron el cultivo de un estado de apertura y receptividad a ese campo de coherencia superior o supercoherencia, dejando espacio para la aparición fluida de la sabiduría futura. Al vivir nuestras prácticas espirituales sin dejar de estar plenamente comprometidos entre nosotros y con la cultura contemporánea, la desvinculación racional y la distancia clínica que tanto se han valorado en los tiempos modernos dan paso a una realización y un desenvolvimiento más recíprocos y participativos. Descubrimos que, como individuos y comunidades, estamos profundamente transformados.

Cuando un avión comienza a acercarse a la velocidad del sonido, experimenta una mayor resistencia y turbulencias. Justo antes de romper la barrera sónica, aumenta la vibración y la resistencia. El viaje está lleno de baches. En nuestro estado actual de desarrollo evolutivo, se podría decir que estamos volando justo por debajo de la barrera del sonido de la conciencia. Por debajo de esa barrera experimentamos una mayor latencia: más proyección, transferencia, disociación, represión y sublimación: más separación. Muchos de nosotros estamos llamados a superar la barrera, generando al hacerlo potentes ondas de choque.

Al otro lado del *estallido* sónico, descubrimos una mayor conexión, transparencia, integración y resonancia: más unidad. Como ocurre con cualquier descubrimiento, una vez que una persona y unas cuantas más logran una innovación en la conciencia, la puerta se abre de par en par para que otros la traspasen.

Personas de todo el mundo están experimentando tiempos marcadamente tumultuosos. Quizá sea una señal de que, colectivamente hablando, nos estamos acercando a la "velocidad del sonido", estamos más cerca de la nueva conciencia. Por supuesto, cuanto más rápido viajemos, mayor será la volatilidad con la que nos encontremos, hasta que hayamos traspasado la membrana y superado las limitaciones evolutivas anteriores. ¡Qué hermoso será ese estallido!

PRÁCTICA: SINTONÍA RELACIONAL

La comunicación transparente consiste simplemente en sintonizar. Sintonizar con una persona, un grupo, una organización o incluso con una parte más amplia de tu cultura significa entrar en resonancia escuchando atentamente las sensaciones internas, los sentimientos, las imágenes y la información que surgen a medida que te sintonizas. La relación en sintonía te conecta con el flujo de datos de tu propio cuerpo para que seas consciente de la información que recibe de la otra persona o grupo.

Para iniciar la sintonización relacional, enraízate en el cuerpo enfocándote en él y haciendo la práctica de las tres sintonizaciones.

Fíjate en las partes del cuerpo que sientes abiertas y fluidas, y en las que sientes tensas, insensibles o ausentes. Nota cualquier sensación que esté presente.

Una vez que te sientas en sintonía con el cuerpo, ábrete conscientemente a la otra persona con la que quieres sintonizar. Mientras tomas dentro de ti a la otra persona, sé consciente de tu cuerpo y de cómo te sientes. La sintonización permite al cuerpo registrar sensaciones sobre la otra persona.

A medida que sintonizas, ¿dónde sientes el cuerpo abierto y fluido? ¿Y dónde lo sientes tenso o más ausente?

Fíjate en el sabor emocional que transmite la otra persona. ¿Percibes una sensación de estrés o agitación? ¿O está relajada, cálida y abierta?

Ahora mira si puedes observar el estado mental de la otra persona. ¿Su mente está ocupada y activa, relajada y abierta, curiosa o cerrada? Simplemente fíjate en lo que haya.

¿Cómo sientes el espacio relacional o intersubjetivo entre vosotros? ¿Hay una sensación de relajación y conexión, o percibes una cualidad de distancia, tensión o, tal vez, vacío? El objetivo es simplemente estar más en sintonía y ser más consciente de lo que está presente, tal y como es.

Puedes realizar una práctica de sintonización en cualquier momento cuando te encuentres en una conversación o en una reunión con un grupo de personas. Al principio, esta práctica requiere paciencia; puede que te lleve tiempo empezar a notar percepciones más profundas. La sintonización no es más que tu sistema nervioso sintiendo y tomando conciencia del sistema nervioso del otro o del sistema nervioso colectivo.

Cuanto más practiques, más notarás una profunda cualidad de resonancia. Esto crea un espacio de coherencia mutua, que no es lo mismo que sentirse siempre en armonía. Al sintonizar con regularidad, entrenas y refuerzas tus capacidades relacionales internas, lo cual es de una ayuda incalculable. Por ejemplo, si te mantienes conectado y en sintonía *mientras* te comunicas, puedes aprender a sentir hasta qué punto tus palabras entran bien o calan hondo en la otra persona.

Así, relacionarse se convierte en una danza. A veces, la danza es fácil; otras, más difícil, pero a medida que aumenta tu capacidad de sintonización, la danza se vuelve más refinada, intuitiva e inspiradora. Pronto te sorprenderá todo lo que puedes captar de tus compañeros de baile.

5

PRESENCIAR LA SOMBRA

La habitación estaba muy silenciosa, con esa profundidad familiar que se siente cuando algo está sucediendo por debajo, más allá de las palabras.
—BONNIE BADENOCH.

Vivimos en un universo relacional. Todo son relaciones.
—KEITH WITT.

Todos los aspectos de nuestra experiencia que permanecen ocultos a la visión consciente, o no son reconocidos, y permanecen enterrados o negados existen en el reino del inconsciente, o la sombra. Los patrones no resueltos vuelven a nuestra experiencia una y otra vez, adoptando una forma u otra, para que finalmente seamos conscientes de ellos y los corrijamos. Hasta que esto ocurra, cualquier miedo, vergüenza, entumecimiento u otros restos del pasado no procesados oscurecerán repetidamente el momento presente. En lugar de ver a través de la luz de la presencia, vemos a través del pasado nublado, como a través de una lente oscurecida. Sin coherencia interior/exterior, existe una sensación de distancia y separación, de desconexión de lo que, por lo demás, es íntimo y está *aquí*.

La luz es pura información en movimiento; la intimidad de la verdadera presencia es luz sin obstáculos. El trauma no tratado reduce la luz creando una "sombra" donde la luz —fuerza de vida— se desvía hacia el inconsciente. Cuando el paisaje interior está oscurecido por los fantasmas del pasado, el entorno exterior queda igualmente ocluido. La sombra oculta nuestra vergüenza, nuestros miedos y nuestros traumas, pero también oculta nuestro oro: nuestro potencial más luminoso y sin explotar, que incluye capacidades no despertadas que pueden llevarnos a órdenes superiores de ser y devenir. A medida que trabajamos para reconocer y sanar la sombra, se liberan las energías que habíamos desviado y atrapado en ella, y se nos revelan nuevos potenciales.

Las prácticas basadas en la conciencia, como la comunicación transparente, nos enseñan a estar presentes con aquellas partes de nuestra naturaleza que han quedado ocultas a nuestra percepción ordinaria: el yo inconsciente o la sombra. A medida que realizamos el trabajo, descubrimos rápidamente que la sombra solo se nos aparece a través de nuestras interacciones y relaciones con los demás. De hecho, no existe una sombra personal distinta o separada; solo existe la sombra en el contexto de las relaciones. Las dimensiones de la sombra pueden ser interpersonales, familiares, ancestrales y culturales.

LA SOMBRA COMO PROCESO PARTICIPATIVO

Seguramente alguna vez habrás observado a dos personas que intentaban comunicarse pero que, de algún modo, no se veían ni se sentían mutuamente. En lugar de *comuni*carse, se limitaban a "hablarse". Puede que la energía excesivamente asertiva de una persona se viera rápidamente contrarrestada por una especie de defensa o bloqueo en la otra, y viceversa. Todos hemos participado en intercambios de este tipo y puede que nos hayamos sentido frustrados, en conflicto, apáticos o incluso despectivos. Nadie se sintió escuchado ni visto, y no se resolvió nada.

La comunicación transparente es un método de relación consciente que siempre comienza con el testigo personal. Cuando hables con alguien, practica darte cuenta de hasta qué punto tú y la otra persona estáis realmente en contacto. Pregúntate: "¿Hasta qué punto me siento arraigado y encarnado cuando empieza la conversación y mientras continúa? ¿Cuánto espacio estoy experimentando? ¿Cuál es mi nivel actual de estrés? ¿Soy capaz de descansar en mi cuerpo mientras hablo y escucho? ¿Qué experimento en las otras personas que hablan o escuchan? ¿Qué estoy experimentando de ellas cuando hablo y escucho?". Un proceso de indagación interior nos lleva a un contacto personal más profundo y, por tanto, a una conexión más profunda con los demás.

Imagina que vas a tener una conversación difícil con tu pareja. Antes incluso de que empiece el diálogo, notas que te sientes algo contraído. No hace falta que lo juzgues ni que lo cambies; simplemente date cuenta. ¿Esta contracción se suaviza o se endurece en el curso de la conversación? ¿Cómo sientes la energía de tu pareja en relación con la tuya? ¿Cuál es tu experiencia emocional? ¿Puedes nombrar las emociones que sientes, o te sientes insensible —quizás por el agobio previo—? Tal vez notes una sensación de tensión en el plexo solar o un ligero dolor de cabeza. La tensión corporal es la sensación de una experiencia no restaurada, comprimida y pospuesta, y a menudo es un signo de que estás reprimiendo emociones. Gran parte de la curación consiste simplemente en devolver al cuerpo las energías que están retenidas en forma de tensión o contracción para que las pueda utilizar.

En su infancia, Johann experimentó hostilidad y violencia ocasional de sus padres y, para protegerse, contrajo su campo energético, retrayendo al máximo el acceso a su yo interno. Esta contracción ayudó al joven Johann a sobrevivir a las dificultades y peligros de sus primeras experiencias y fue, por lo tanto, una respuesta evolutiva inteligente del sistema nervioso.

Sin embargo, de adulto, Johann sigue contraído, retirado y se protege de los demás, incluso de aquellos cuya presencia podría ser segura y nutricia. En su mayor parte, Johann no es consciente de su aversión a la conexión —sombra— y simplemente cree que la gente no es digna de confianza. Pero su antiguo patrón de retraimiento y cautela se ha vuelto inadaptado, reduciendo enormemente su capacidad de relacionarse con los demás y, por lo tanto, limitando su capacidad de florecer. Lo que antes fue una respuesta funcional y adaptativa, ahora se ha convertido en un patrón congelado, rígido y disfuncional. Probablemente hará que Johann se sienta aislado, que no se sienta visto ni reconocido por los demás.

Una vez que somos adultos, tenemos la responsabilidad de ocuparnos de la sombra —trabajo de la sombra—, de cuidar y liberar las energías congeladas del yo que han quedado atrapadas en ella. No hay forma de "deshacerse" de los patrones de sombra sin la voluntad de entrar en el patrón, de estar en él con la intención de notar, presenciar y sentir lo que está presente. Podríamos preguntarnos: "¿Cuál es mi relación con los patrones energéticos que observo en mí? ¿Cuál es mi relación con los bloqueos y dificultades que surgen —por ejemplo, me veo a mí mismo, a los demás o al mundo a través del prisma de la escasez, la crítica o la duda—? ¿Cómo me describo estas experiencias sutiles?". Este tipo de autoindagación forma parte del proceso de llevar la sombra a la luz, de invitar lo que ha estado latente y no ha sido visto a que se haga transparente a través de la conciencia.

A medida que aprendes a estar presente en el campo relacional sin resistencia ni juicio —o, más bien, con la voluntad de estar presente con la resistencia o el juicio—, te vuelves más consciente, más despierto y estás menos atado por los patrones de sombra.

El campo sutil —la información disponible a nuestro alrededor y dentro de nosotros a la que podemos acceder por medios menos directos que los declaradamente materiales— siempre contiene información sobre la sombra. Cuando te sientas frente a tu pareja o pasas tiempo con tus hijos, el campo te ofrece un espejo en el que puedes observar tus sombras. Durante las reuniones de trabajo, el campo relacional alberga información sobre lo que subyace en la dinámica del grupo, lo que te permite darte cuenta de las emociones tácitas y de los prejuicios, motivaciones o intenciones latentes. A medida que aprendes a estar presente en el campo relacional sin resistencia ni juicio —o, mejor dicho, con la voluntad de estar presente ante la resistencia o el juicio—, te vuelves más consciente, más despierto y estás menos atado por los patrones de sombra.

DE LA SOMBRA, LA SEPARACIÓN

Cuando se deja crecer sin control, la sombra crea un mundo de desvinculación, dominado por la sensación prevaleciente de separación y por la polarización y desunión que experimentamos a nuestro alrededor, una condición que hemos aprendido a ver como "normal" y como que "así son las cosas". La sombra es la "sustancia" arquitectónica omnipresente sobre la que se construyen las sociedades modernas y a través de la cual funcionan. Es la lente a través de la cual vemos y con la que creamos nuestro entendimiento. Veamos un ejemplo: gran parte de lo que consideramos la civilización occidental surgió de la premisa de la separación, la visión del mundo predominante que se centra en las diferencias y distinciones: las particularidades que nos diferencian a nosotros, nuestras ideas y nuestro entorno.

Casi dos mil años después de Aristóteles, el filósofo francés René Descartes cimentó la visión del mundo de la separación con su propuesta del dualismo: la mente y el cuerpo existen como fenómenos ontológicamente distintos. El dualismo mente-cuerpo se basaba en la suposición de que la mente humana es totalmente no física, mientras que el cuerpo humano es totalmente material. Así pues, mente y cuerpo son entidades distintas. El conjunto de la ciencia moderna siguió la filosofía de la Ilustración de Descartes y nos ha traído hasta aquí, al siglo XXI, donde la visión preponderante sigue siendo que el planeta y las personas que lo habitan son entes estrictamente físicos y materiales: individuales, separados y distintos.

En la separación, las necesidades y deseos del individuo reemplazan a la salud de los colectivos más extensos: las partes anulan a las totalidades. Tú eres tú y yo soy yo, y aunque de vez en cuando interactuemos, a menudo nos cuesta conectar. Vemos el mundo como algo totalmente externo a nosotros, una vasta amalgama de objetos delimitados y partes dispares.

Por supuesto, el dualismo puede haber allanado el camino para muchos avances científicos, tecnológicos e industriales, ampliando la duración de la vida humana y mejorando en general su calidad. Las ventajas de la vida moderna son innegables. Sin embargo, hemos pagado un precio por nuestra adhesión incondicional al dualismo y a la conciencia de separación. Aunque los avances tecnológicos modernos nos conectan de formas antes inimaginables, la verdadera conexión y la relación sostenida siguen siendo difíciles, tenues o simplemente inalcanzables. Y esto ha tenido un gran impacto en nuestro mundo.

La conciencia de separación parece tener su propia y extraña gravedad que nos separa continuamente, como demuestran los fenómenos generalizados de familias rotas, malestar social, continuos conflictos internacionales, hipercomercialismo y aceleración del caos climático. El ecologista Christopher Uhl lo describe bien:

> Elijamos cualquier problema medioambiental o social: cambio climático, extinción de especies, cánceres relacionados con el medio ambiente, acidificación de los océanos, guerras, agotamiento de acuíferos, genocidio, deforestación, pérdida de capital del suelo, declive de los arrecifes de coral, y en todos los casos la raíz del problema es la separación —la ruptura de relaciones—.[1]

Sin embargo, el dualismo nunca ha sido el problema. Incluso el individualismo atomista ha sido un paso importante en nuestro viaje evolutivo, cuando la humanidad pasó del tribalismo prerracional al feudalismo agrario, al surgimiento de la nación-estado industrial y a las sociedades de la información de masas en las que nos encontramos hoy. A pesar de lo cómoda, eficaz e incluso deslumbrante que puede llegar a ser la vida moderna, muchas personas siguen en gran medida escindidas de su propia naturaleza y alienadas unas de otras, adhiriéndose sin rechistar a lo que Otto Scharmer, profesor del MIT y cofundador del Presencing Institute, denomina "la conciencia del sistema del ego". Entonces, ¿qué podemos hacer para cambiarlo?

RESPONSABILIDAD COMPARTIDA
PARA INTEGRAR LA SOMBRA

Después del Holocausto que tuvo lugar en la Segunda Guerra Mundial, los supervivientes e incontables millones de personas fueron incapaces de procesar o digerir completamente el horror que había ocurrido. En consecuencia, el enorme material sin resolver sigue estando presente: un plano denso y congelado de energía residual que puede sentirse en Alemania, Israel y otros lugares. El trauma del Holocausto produjo una gran sombra transgeneracional, cuyos efectos siguen sintiendo los descendientes de los supervivientes, los soldados y los ciudadanos de a pie. Hemos visto el resurgimiento de esta historia no resuelta en la política hiperpartidista y en la vida cotidiana de todo el mundo, donde las energías no resueltas se repiten perpetuamente de múltiples formas. El pasado desatendido posee densidad y opacidad; oscurece el campo, profundiza la separación, fragmenta las comunidades y retrasa el desarrollo de la sociedad.

No obstante, estos patrones inconscientes no son intrínsecamente malos o equivocados. La sombra es simplemente una señal que indica dónde se han apagado las luces del sistema: los lugares de desunión, rigidez y caos. La sombra no es una amenaza que haya que eliminar, ni siquiera un bloqueo que haya que suprimir; es simplemente un recordatorio de lo que necesita atención. De hecho, el instinto no examinado de "librarnos" de cualquier sentimiento, emoción o experiencia puede formar parte de la respuesta no adaptativa que convierte la sombra en patología. La sombra es un mecanismo de defensa comunitario y una función evolutiva de la psique colectiva: frena la marea para evitar que nos ahoguemos en el agobio hasta que tengamos la oportunidad de digerir y metabolizar nuestras experiencias. Por esta razón, debemos hacer el trabajo de apropiarnos y de integrar la sombra con cuidado y destreza, para que la carga del pasado no se siga posponiendo y trasladando a las generaciones futuras.

El camino exige humildad: no es que los demás necesiten ser más conscientes para que nosotros podamos seguir creciendo; es que el proceso de crecimiento siempre nos desafiará a tratarnos a nosotros mismos y a los demás con mayor cuidado y conciencia.

Al resistirnos a las pruebas que nos presenta nuestro crecimiento —al negarnos a afrontar los retos del presente o las dificultades del pasado—, frenamos nuestro desarrollo y nuestra evolución espiritual. En lugar de avanzar en nuestro despertar, retrocedemos. Como aconsejaba el difunto analista y escritor junguiano Edward Edinger: "Siempre que uno se encuentre en un estado de conflicto con alguien o con una situación, debe considerar la hipótesis de que la psique le ha impulsado a esa situación a fin de generar conciencia".[2] Cada desafío nos presenta una oportunidad vital para permanecer relacionados con la totalidad —pasado, presente y futuro— a través de la sintonización y la presencia encarnada. El camino exige humildad: no es que los demás necesiten ser más conscientes para que nosotros podamos seguir creciendo; es que el proceso de crecimiento siempre nos desafiará a tratarnos a nosotros mismos y a los demás con mayor cuidado y conciencia. Este es el elevado arte de la vida mística.

ACCEDER A LA CONCIENCIA TRANSPERSONAL

Como nos dicen los filósofos budistas, solo existe la originación dependiente o el *surgimiento conjunto interdependiente*, una filosofía que expresa que, en la existencia, todo está fundamentalmente interconectado: todos los fenómenos surgen en relación con otros fenómenos. A pesar del predominio de la conciencia de separación, los estados profundos de unidad son posibles, incluso probables desde el punto de vista evolutivo. Podemos experimentar la belleza de la autonomía y la plenitud de la comunión, despertando al campo más amplio de la conciencia que compartimos.

Para alimentar esta comprensión, debemos desarrollar una perspectiva transpersonal madura, en la que el sentido de identidad o experiencia se extienda más allá del ego personal para abarcar niveles más amplios del nosotros —por ejemplo, que pertenecemos a la humanidad, al planeta, al cosmos, etc.—. Como escribe la doctora Marcie Boucouvalas, catedrática emérita de Desarrollo Humano del Instituto Politécnico de Virginia: "Desde una perspectiva transpersonal, la humanidad y el proceso de maduración de los individuos, grupos, organizaciones, sociedades y culturas incluye un equilibrio entre un sentido del yo separado y un sentido del yo más profundo y amplio que está 'conectado'".[3]

MADUREZ Y PERSPECTIVA TRANSPERSONAL

Mantener una perspectiva transpersonal requiere madurez y un compromiso permanente con el crecimiento personal y relacional. Beena Sharma, fundadora y presidenta del Center for Leadership Maturity (Centro para la Madurez del Liderazgo), desglosa así tres marcadores fundamentales de la "madurez" humana:

1. Madurez significa ser capaz de aceptar tensiones, polaridades y paradojas.

2. Madurez significa acercarse a la "realidad" y dirigirse hacia lo que es difícil.

3. Madurez significa ofrecer continuamente retroalimentación al yo, al otro y al sistema para permitir un despliegue y crecimiento continuos.[4]

La interdependencia es intrínseca: tú *también* formas parte de un ecosistema colectivo y tu estado de salud viene determinado por la salud del sistema, del mismo modo que tú influyes en la salud general del sistema. La conciencia transpersonal despeja la niebla de la separación y nos permite despertar al estado de *interser* que describió el visionario monje budista Thich Nhat Hanh. Por supuesto, para llegar a una relación sana y duradera, hay muchas cosas enterradas en la sombra humana que debemos afrontar, reconocer y trabajar para integrar, tanto personal como colectivamente. Este es nuestro trabajo de sombra colectivo, y solo podremos comenzarlo sintonizando más profundamente con nosotros mismos y con los demás.

DISOLVER LA SEPARACIÓN

A medida que consideres más profundamente las capacidades relacionales, incluyendo la capacidad de presencia y de acoger a otros en tu interior, puede que vuelvas a preguntas más fundamentales: "¿Dónde existes? ¿En el cerebro? ¿En el cuerpo? ¿Cómo es posible sentirse profundamente conectado a personas y lugares que están físicamente muy lejos?". Muchas personas cuentan experiencias en las que supieron exactamente en qué momento un ser querido había sufrido un accidente, o incluso había muerto. Simplemente lo sintieron y lo supieron. ¿Qué espacio ocupaba el yo entonces?

En la conciencia despierta, percibes principalmente el plano material, pero tu existencia es mucho más que tus átomos. Cuando tú y yo nos relacionamos, nuestros sistemas nerviosos se enlazan y conectan, ocupando un campo compartido, un espacio informativo que es no lineal, no local y mucho más que la suma de nuestras partes. Juntos activamos lo que podríamos llamar nuestro *sistema nervioso colectivo*, algo que podemos percibir entre las personas de una relación, familia, comunidad o cultura cuando se acogen conscientemente unas a las otras. Es un sentido compartido y recíproco de presencia interna, de interser, que es nuestro derecho de nacimiento como seres humanos.

Cuando nos embarcamos en un viaje de sanación y desarrollo compartidos, descubrimos el poder de la inteligencia colectiva. La inteligencia colectiva no es simplemente la suma estática de las capacidades disponibles de cada individuo del grupo; es un intercambio emergente, dinámico y fluido entre las capacidades activas y potenciales del grupo y el entorno social más amplio. Practicando ejercicios como los que se comparten a lo largo de este libro, podemos adquirir un mayor sentido de la confianza relacional y desarrollar un nuevo y asombroso sentimiento de pertenencia a una comunidad más amplia de seres capaces y creativos. Profundas posibilidades de curación colectiva se vuelven accesibles para que descubramos nuevas formas de restaurar la fragmentación que reside en nuestro sistema nervioso colectivo y para que lleguemos a conocernos a nosotros mismos a través de reflexiones conscientes individuales y compartidas con los demás.

Con demasiada frecuencia nos sentimos aislados, separados y solos, como niños encallados que deambulan ciegos por el desierto. En realidad, ya estamos siempre interconectados. Mi sombra no puede existir sin la tuya, al igual que tu trauma no puede existir sin que otros lo inicien, compartan y refuercen. Como hemos visto, el daño fundamental que causa el trauma es la herida que crea en el sentido que uno tiene de su relación con los demás. Provoca que las personas, las familias, las comunidades y las culturas se retraigan, se distancien y se desvinculen. Pero como si entráramos juntos en una caverna oscura y misteriosa y encendiéramos las luces, podemos llevar a la conciencia el campo social más amplio. A medida que nos permitimos percibir puntos de relación antes ocultos, la experiencia de conexión se intensifica. Y descubrimos un nuevo mundo de posibilidades: el campo de curación comunitario, en el que el sistema nervioso más integrado de una persona ayuda a equilibrar el sistema nervioso más fragmentado de otra. De este modo, activamos potenciales para una mayor corregulación y coherencia.

La curación se produce cuando decides no mirar hacia otro lado, sino sintonizarte: estar presente con lo que es, notar, sentir y percibir. Al practicar la presencia y la sintonización, empiezas a descubrir un sentido más profundo de la relación contigo mismo y con los demás, con tu vida y con el cosmos mismo. Este es un terreno sagrado, donde los fragmentos se reincorporan, se disuelve la separación y se alcanza una mayor plenitud.

PRÁCTICA: PROCESAR EL KARMA DEL DÍA

Te recomiendo que practiques con regularidad sentarte un rato por las noches para rebobinar conscientemente los acontecimientos del día. Mientras piensas en lo ocurrido, sintoniza con las sensaciones del cuerpo y sé testigo de los pensamientos que surjan. El propósito de esta práctica es procesar conscientemente las experiencias del día para que tus reacciones internas a ellas no queden enterradas, ocultas o se conviertan en procesos kármicos inconscientes —sombra—.

Tal vez hayas estado repitiendo mentalmente una conversación anterior, lamentando algo que dijiste o deseando haber sido más claro. Fíjate en cuándo tus pensamientos parecen ir a toda velocidad y percibe que tu cuerpo se siente menos conectado a la tierra, menos presente. Tal vez notes una especie de zumbido alrededor de la cabeza o una energía agitada por encima de los hombros, mientras que sientes todo lo que queda por debajo de la mitad del pecho menos vivo, menos conectado. En lugar de distanciarte de estas sensaciones decidiendo que ciertos sentimientos o pensamientos "no deberían" estar presentes, simplemente descansa y escucha lo que esos pensamientos, sentimientos y sensaciones te están diciendo.

Al dejar espacio a lo que está presente, empiezas a favorecer una forma de ser más basada en el proceso de emerger. Esto fortalece tu capacidad de relacionarte conscientemente y momento a momento con la vida desde tu energía más esencial, desde tu centro más auténtico. Al emprender este camino, también serás más consciente de las dinámicas de tu sombra, lo que te permitirá integrar y sanar estos patrones, en lugar de disociarlos perpetuamente y así reforzarlos.

LA EMPATÍA COMO ANTÍDOTO

La idea de simpatía —generalmente en forma de sentir lástima por otra persona— es en sí misma una ilusión de distancia, de separación. "Aunque yo no he sufrido personalmente una pérdida, tú sí, y puedo imaginar que debes sentirte muy triste. Por eso te ofrezco mi simpatía y te deseo lo mejor". La empatía, por otra parte, es un recuerdo consciente de nuestra propia experiencia de dolor y pérdida, para poder resonar y relacionarnos mejor con el dolor de los demás. Tener simpatía es sentir *por* alguien —de nuevo, normalmente lástima, pero a veces también felicidad—, mientras que la relación empática consiste en sentir *con* otros, estando en profunda resonancia con el otro porque nuestro interior y nuestro exterior están bien conectados o sincronizados.

Con frecuencia me hacen esta pregunta: "¿Cómo puedo protegerme de cargar con las 'cosas' de los demás?". Parece que en todas partes se busca una respuesta a esta enigmática pregunta. En la jerga contemporánea, la palabra *empático* se suele utilizar para referirse a alguien que tiene problemas con lo que podríamos llamar "síndrome emocional permeable o síndrome de la fuga emocional", es decir, el problema de experimentar las energías de otras personas y confundirlas con las propias, o simplemente sentirse abrumado por las emociones de los demás. De hecho, algunas personas pueden tener un alto grado de sensibilidad, y pueden sufrir por ello. Sin embargo, no suele ser una sensibilidad elevada, sino la falta de conexión con la tierra y de encarnación lo que provoca la sensación de agobio, que a menudo tiene su origen en problemas de vinculación. Sanar el trauma de raíz crea una sensación más estable de encarnación, lo que permite a la persona experimentar su alta sensibilidad más como un don que como una maldición. Podríamos pensar en ello como en un árbol con una gran corona de ramas; necesitará unas raíces igualmente fuertes para mantenerse erguido.

Una vez más, no es que hayamos absorbido las emociones de otra persona como si fuéramos esponjas humanas sin barreras ni límites, sino que, en algún lugar de nuestro interior —quizá en un lugar oculto—, estamos en resonancia con las energías emocionales no satisfechas o las experiencias de congelación del otro. Como la cuerda de un piano con un diapasón, nos sentimos vibrar en resonancia simpática con los ritmos que nos trae su presencia. No solo sentimos las emociones de la otra persona, sino también las nuestras. En lugar de intentar protegernos de la energía de los demás, podemos optar por explorar con curiosidad la resonancia entre nuestras heridas internas y las suyas.

El reto no es cómo protegernos, evitar o alejar las emociones abrumadoras que sentimos de los demás, sino cómo estar presentes con otros cuando surgen emociones difíciles, de modo que podamos ayudar a la coregulación de las energías intensas, en su beneficio y en el nuestro. La regulación emocional hace posible la digestión y la integración, para que los sentimientos difíciles puedan procesarse y resolverse por completo. Y esto nos devuelve a la relación.

ILUMINAR EL CAMPO

Recientemente, los investigadores de los campos de la neurociencia cognitiva social y de la filosofía de la mente han empezado a ser testigos de algo que muchos contemplativos ya habían descrito, y que respalda la idea de la sombra colectiva. En su trabajo llamado la *Teoría de la mente extendida* (TME), proponen que la mente humana no se limita a los contornos del cerebro o incluso del cuerpo, sino que se extiende a su entorno. Por ejemplo, el cuadro en el que has estado trabajando, tu diario personal e incluso tu teléfono inteligente y tu ordenador portátil están impregnados de tu mente y, como tales, forman parte de tu proceso cognitivo.[5]

Más interesante aún es la conexión de la TME con las nuevas teorías de la cognición social. Los investigadores estudian cómo dos o más cerebros —y, por tanto, mentes— pueden sincronizarse o "acoplarse", por ejemplo, en casos de intención compartida o acción cooperativa. Una "mente social ampliada" surge cuando varios cerebros —y, por tanto, varios sistemas nerviosos centrales— se unen de forma muy coherente. Ana Lucía Valencia y Tom Froese, investigadores de la conciencia, escriben:

> La asociación entre las oscilaciones neurales y la integración funcional está ampliamente reconocida en el estudio de la cognición humana. La sincronización a gran escala de la actividad neural también se ha propuesto como base neural de la conciencia. Curiosamente, un número cada vez mayor de estudios de neurociencia social cognitiva revelan que la sincronización de fases aparece de forma similar en todos los cerebros durante una interacción social significativa. Además, esta sincronización entre cerebros se ha asociado con informes subjetivos de conexión social, compromiso y cooperación, así como con experiencias de cohesión social y fusión entre el yo y el otro. Estos hallazgos ponen en tela de juicio la visión estándar de la conciencia humana como algo esencialmente privado y en primera persona del singular.[6]

Los investigadores sostienen que las pruebas de la "sincronización entre cerebros en las bandas de frecuencia más rápidas" pueden transformar profundamente nuestra comprensión de la conciencia humana. Si tenemos en cuenta estos conocimientos científicos a la luz de lo que sabemos sobre el trauma o el estrés tóxico, es posible percibir un nuevo mundo brillante y floreciente de posibilidades para la humanidad o, como revela el título del libro de Charles Eisenstein, "nuestro corazón sabe que un mundo más bello es posible". El poder del testimonio mutuo aclara nuestra sombra colectiva y hace posible reconocerla, asumirla, integrarla y trascenderla.

Lo que denominamos la conciencia de "nuestro espacio" se crea cuando las personas trabajan juntas activamente para presenciar el campo. El esfuerzo y la intención de generar "de nuestro espacio" vitalizan la voluntad, la compasión y el valor compartido, amplifican la sintonía y despiertan nuestra inteligencia colectiva. El poder del testimonio mutuo aclara nuestra sombra colectiva, haciendo posible el reconocimiento, la apropiación, la integración y la trascendencia.

Jorge N. Ferrer, autor y antiguo profesor del Programa de Psicología Este-Oeste del Instituto de Estudios Integrales de California, propone que los fenómenos transpersonales son "acontecimientos participativos que pueden surgir en el seno de un individuo, una relación, una identidad colectiva o un lugar". La participación cocreativa implica a los seres humanos en lo que Ferrer denomina *conocimiento participativo*, un "acceso multidimensional a la realidad que puede implicar no solo el poder creativo de la mente, sino también el del cuerpo, el corazón y el alma".[7]

Este es el núcleo del trabajo transpersonal, un proceso participativo profundamente *consciente* que tiene el asombroso efecto de acelerar el desarrollo humano. Consiste en juntarse con el objetivo de percibirnos a nosotros mismos, y unos a otros, con una mayor resolución. Esto nos permite darnos cuenta de cuándo hay un grado de densidad o sombra en la atmósfera intersubjetiva, y nos ayuda a navegar mejor por las zonas de sombra familiares y culturales.

Asombrosamente, el poder de la curación colectiva se extiende mucho más profundo dentro de la realidad y mucho más lejos en el tiempo de lo que se entiende actualmente. Como exploraremos en los próximos capítulos, las prácticas de presencia mutua pueden ayudarnos a curar las heridas de nuestro pasado ancestral e histórico, haciendo posibles nuevos futuros para nosotros y nuestros descendientes. Aquí es donde se materializa nuestra verdadera facilidad para el *interser,* para ser unos con otros.

6

EL IMPACTO DEL TRAUMA

No hay presente ni futuro, solo pasado, que se repite una y otra vez.

—EUGENE O'NEILL

El tiempo es ser y el ser,
tiempo, todo es una sola cosa,
el brillo, la visión,
la abundancia de oscuridad.
—URSULA K. LE GUIN

En su extraordinario libro *Black Hole Survival Guide —Guía para sobrevivir a los agujeros negros—*, la astrofísica Janna Levin ofrece una poética descripción de un fenómeno casi imposible de entender:

Cuando se persigue un agujero negro, no se busca un objeto material. Un agujero negro puede disfrazarse de objeto, pero en realidad es un lugar, un lugar en el espacio y en el tiempo. Mejor: un agujero negro es un espacio-tiempo.

Deshazte de la impresión del agujero negro como un denso aplastamiento de materia. Acepta el agujero negro como un horizonte de sucesos desnudo; un espacio-tiempo curvo y vacío; una vacuidad escasa... Un vacío glorioso, un lugar vacío, un escenario extremo y sobrio, marcadamente austero pero, sí, capaz de albergar un gran drama cuando el escenario está ocupado. Los agujeros negros son un lugar en el espacio, y defienden sus secretos.[1]

Otro fenómeno difícil de comprender es el que llamamos "trauma" —también conocido como karma o sombra—. Al igual que el agujero negro de los astrofísicos, el trauma puede percibirse como una ausencia o una nada que defiende sus secretos y, por extraño que sea, tiene una ubicación concreta en el espacio y el tiempo.

Aunque las experiencias traumáticas pasadas de una persona suelen ser invisibles —secretos que nunca deben revelarse—, existen al mismo tiempo como una gran densidad de energía, lo bastante poderosa como para desfigurar el tejido mismo de la realidad. Cuanto más nos acercamos a una de estas zonas traumatizadas, más extrañas parecen las cosas. Y, sin embargo, con demasiada frecuencia, asumimos esta extrañeza como "normal", "tal como son las cosas". Como el agujero negro supermasivo en el centro de nuestra galaxia, los traumas no superados son fenómenos poderosos que pueden acabar consumiéndonos. Para escapar de la magnífica gravedad de un agujero negro traumático, o de lo que el superviviente del Holocausto Primo Levi describió como una "nada gris y turbia", debemos llegar a comprender los principios físicos que los rigen.

En el oscuro invierno de 1944, Levi se encontró apiñado con otros 649 judíos italianos en camiones de ganado con destino a los campos de concentración de la Polonia ocupada. Brillante escritor y químico, Levi pasó once meses en Auschwitz, siete más de los que se esperaba que sobreviviera nadie, antes de que el Ejército Rojo liberara finalmente el campo en enero de 1945. Fue uno de los veintitantos italianos de su transporte original que salieron con vida de allí.[2]

Las atrocidades que Levi sufrió en Auschwitz fueron indescriptibles. A pesar de ello, este químico tímido y aficionado a la lectura llegó a escribir sobre sus experiencias en detalle, ofreciendo al mundo un intrincado relato de la barbarie entre humanos que había presenciado y sufrido en primera persona. En las décadas posteriores, el trabajo de Levi lo convirtió en una figura heroica en la imaginación pública y, ciertamente, lo fue. Sin embargo, a pesar de su resistencia, sabiduría y virtuosismo, en 1987 perdió la vida al caer desde tres pisos de altura en su casa de Turín (Italia); oficialmente, su muerte fue declarada un suicidio. A pesar de su increíble legado de supervivencia y de la obra brillante y profundamente inspiradora que produjo antes de su muerte, Primo Levi había permanecido atormentado por una depresión implacable y recuerdos traumáticos que abrumaron su resistencia esencial y, finalmente, su voluntad de vivir.

En la conclusión de su libro, *La tregua*, Levi escribe:

> [Y] un sueño lleno de horror aún no ha dejado de visitarme, a intervalos a veces frecuentes, a veces más largos. Es un sueño dentro de un sueño, variado en los detalles, uno en sustancia. Estoy sentado a la mesa con mi familia, o con amigos, o en el trabajo, o en un campo verde; en resumen, en un ambiente tranquilo y relajado, aparentemente sin tensión ni aflicción; sin embargo, siento una angustia profunda y sutil, la sensación definitiva de una amenaza inminente. Y, de hecho, a medida que el sueño avanza lenta y brutalmente, cada vez de una manera diferente, todo se derrumba y se desintegra a mi alrededor, el paisaje, las paredes, la gente, mientras que la angustia se vuelve más intensa y más precisa. Ahora todo se ha convertido en un caos; estoy solo en el centro de una nada gris y turbia, y ahora sé lo que esto significa, y también sé que siempre lo he sabido; estoy de nuevo en el *Lager*, y nada es verdad fuera del *Lager*.[3]

Tras la noticia de la muerte de Levi, Elie Wiesel, escritor, premio Nobel y superviviente del Holocausto, hizo una observación conmovedora y dolorosa: "Primo Levi murió en Auschwitz, cuarenta años después".[4] El escritor estadounidense William Faulkner dijo la verdad cuando escribió: "El pasado nunca está muerto. Ni siquiera es pasado".[5]

Quizá el legado más debilitador de un trauma no curado sea el daño que causa a nuestra capacidad de relacionarnos entre nosotros o incluso de sentirnos encarnados y conectados con nosotros mismos. Algunos traumas, ya sean personales o colectivos, son de naturaleza tan catastrófica —en particular, los traumas causados por otros seres humanos— que resulta difícil, incluso imposible, traspasar su horizonte de sucesos y permanecer intactos. Al final, nos devoran. No obstante, existe una inteligencia evolutiva inherente a nuestras respuestas ante las grandes adversidades que nos permite sobrevivir, adaptarnos y transformar incluso el peor de nuestros sufrimientos. Y con cuidado y paciencia, presencia y sintonía, podemos utilizar lo que aprendemos del trauma para repararnos a nosotros mismos y las conexiones rotas entre nosotros.

En mi libro de 2020, *Sanar el trauma colectivo: La integración de nuestras heridas intergeneracionales y culturales*, abordo el tema del trauma en profundidad y con mucho más detalle. Sin embargo, con el fin de profundizar en nuestro examen de la sabiduría relacional, vamos a proceder con una visión general condensada.

LA DEFINICIÓN DE TRAUMA

Tanto si has experimentado personalmente un trauma psicológico como si no, es probable que estés familiarizado con su rostro: en la literatura, el cine, la televisión o por haber conocido a alguien que ha sufrido una adversidad intensa y, de alguna manera, ha tenido que luchar como consecuencia de ello.

Desde la perspectiva psiquiátrica moderna, el trauma es una lesión psicológica y potencialmente evolutiva causada por una experiencia o experiencias abrumadoras. Según la Escuela de Medicina Perelman de la Universidad de Pensilvania, "el trauma psicológico está causado por una experiencia adversa, o una serie de experiencias, que provoca una lesión que cambia el funcionamiento del cerebro y afecta a las funciones neurofisiológicas, psicológicas y cognitivas".[6] En palabras más sencillas, el trauma nos cambia. El doctor Peter A. Levine, psicólogo clínico y escritor estadounidense, define el trauma como "los síntomas debilitantes que experimentan las personas tras haber percibido experiencias abrumadoras o que ponen en peligro su vida". Nos traumatizamos, dice Levine, "cuando nuestra capacidad de responder a una amenaza percibida se ve desbordada de algún modo". En *Sanar el trauma*, escribe que el trauma es "la causa más evitada, ignorada, negada, malentendida y no tratada del sufrimiento humano".[7]

Para nuestros propósitos, la palabra *trauma* no se refiere a la adversidad que engendra sufrimiento, sino a la *respuesta* del individuo o del grupo a dicha adversidad. El trauma es lo que ocurre en nuestro interior, a nivel del sistema nervioso, debido a la experiencia adversa. Al igual que un agujero negro, es difícil observar la presencia de un trauma psicológico a simple vista; solo podemos detectarlo por sus efectos: los síntomas reveladores que produce en las personas o las comunidades.

UNA PERSPECTIVA NEUROPSICOLÓGICA DEL TRAUMA

El sistema nervioso central humano emplea una respuesta antigua y evolutiva ante cualquier factor estresante agudo o acontecimiento potencialmente mortal. Al igual que otros animales, el encuentro con una amenaza percibida desencadena automáticamente una reacción de lucha, huida o congelación a través del sistema nervioso simpático. En resumen, el cuerpo se prepara para luchar, huir o hacerse el muerto.

En cierto sentido, tanto huir como congelarse son formas de desaparecer. Algunos reptiles, anfibios, animales marinos e incluso insectos son capaces de desaparecer en su entorno con un cambio de color instantáneo que los camufla. En lo relativo a los mecanismos de defensa, la "invisibilidad" es un truco estupendo. En el caso de los humanos, la desaparición puede adoptar la forma de disociación —alejamiento emocional del entorno— o de una desconexión más seria de las experiencias sensoriales y emocionales del cuerpo. Si no podemos huir de un posible ataque, a menudo huimos de nosotros mismos.

Una cascada de hormonas del estrés —cortisol, adrenalina y norepinefrina— provoca un aumento del ritmo cardíaco y de la presión sanguínea, lo que resulta ideal para correr o luchar. El encuentro con un factor estresante intenso hace que el cerebro y el cuerpo entren en un estado de hiperactivación, en el que la persona estresada se vuelve inusualmente atenta, ansiosa y alerta, o entra en un estado de desconexión o se queda congelada en el sitio.

Todas estas son respuestas adaptativas y tienen la intención de favorecer la supervivencia a corto plazo. Pero una vez que ha pasado el incidente amenazador, a veces puede resultar difícil para el cerebro y el cuerpo encontrar la válvula de cierre. Incluso cuando la amenaza ya ha pasado, el cuerpo puede seguir respondiendo como si estuviera en peligro permanente. Si la respuesta al estrés se prolonga de forma inusual, los extremos de hiperactivación o de cierre pueden volverse fijos, rígidos y repetitivos y, por lo tanto, producen una mala adaptación a la vida por parte de la persona traumatizada.

Considera los síntomas: la hiperactivación prolongada puede manifestarse como hipervigilancia, reactividad exacerbada, irritabilidad, ira, agresividad, aumento de la ansiedad, pánico y los problemas que estos pueden causar, como falta de atención crónica y dificultad para dormir. En el otro extremo del espectro, el cierre persistente puede producir un estado de ánimo plano o constreñido, embotamiento emocional, desesperanza, entumecimiento, indiferencia, apatía, letargo, desapego y disociación. "Si la hiperactivación es el acelerador del sistema nervioso —escribe Levine—, la sensación de impotencia abrumadora es su freno". La impotencia que se experimenta en esos momentos no es la sensación ordinaria de impotencia que puede afectar a cualquiera de vez en cuando. Es la sensación de estar colapsado, inmovilizado y totalmente indefenso. "No es una percepción, una creencia o un truco de la imaginación: es real".[8]

Estos y otros síntomas de traumas no resueltos aparecen como una continuidad entre extremos que experimentan las personas y las sociedades. Basta con mirar a nuestro alrededor para observar su abrumadora presencia en nuestro mundo.

Podríamos dividir estos síntomas en tres categorías generales:

1. Hiperactivación y estrés.
2. Insensibilidad y desapego.
3. Fragmentación y separación.

Todas las personas traumatizadas han experimentado un momento en el que "estar aquí" no era una opción segura. Los mecanismos psicológicos de defensa —es decir, los síntomas— que se produjeron como consecuencia fueron una forma inteligente de afrontar esa situación. Solo es posible estar presente para las partes sanas e integradas de uno mismo. Las partes traumatizadas no pueden estar presentes porque estar presente no es una opción segura.

En la sociedad contemporánea, en la que impera el concepto de patología psicológica, las personas pueden llegar a preocuparse en exceso por aquellas áreas en las que perciben deficiencias, debilidades y disfunciones potenciales. Pero muchas disfunciones aparentes fueron originalmente estrategias adaptativas de supervivencia que han dejado de ser funcionales. Ha llegado el momento de reformular colectivamente nuestra imagen deficitaria de lo que significa ser humano. La mayoría de nosotros queremos ser "mejores" o estar más desarrollados, así que nos proponemos eliminar las partes de nosotros mismos que parecen causarnos sufrimiento. Pero nunca podemos eliminar una parte de nosotros mismos, y el deseo de hacerlo no hace más que reproducir el trauma original. No podemos deshacernos de las partes heridas de nuestra propia alma, pero podemos encontrarlas e integrarlas dentro de nosotros y, al hacerlo, ampliar nuestro espacio interno, profundizar nuestra perspectiva y reavivar nuestra capacidad latente de relacionarnos más profundamente con los demás.

Ha llegado el momento de reformular colectivamente
nuestra imagen deficitaria de lo que significa ser humano.

TIPOS DE TRAUMA

Un sistema nervioso sano y bien regulado puede pasar por
periodos de estrés creativo y alto rendimiento, y volver al descanso y la regeneración. El sistema nervioso traumatizado es
incapaz de autorregularse y a menudo funciona bajo un estrés
tóxico. En términos generales, existen tres tipos de trauma. La
mayoría de la gente está familiarizada con los dos primeros:

El **trauma agudo** es el resultado de un único incidente
adverso, como un accidente, una enfermedad o lesión, una
agresión sexual, un desastre natural o el hecho de presenciar o experimentar un acto de violencia.

El **trauma crónico** es el resultado de traumas continuados
o repetidos, como la violencia doméstica, el abuso emocional,
el abuso sexual, el acoso repetido o la coacción y el control.

Un ejemplo importante de trauma crónico es el conocido
como *trauma complejo,* también llamado *trauma relacional
temprano, trauma del desarrollo o trauma del apego.* Se produce como resultado de una adversidad continuada en la infancia o la adolescencia, como el abuso emocional, físico o sexual;
la negligencia emocional, física o médica, y el abandono. El
trauma complejo es particularmente insidioso, ya que se sabe
que inhibe, retrasa o lesiona el proceso natural de desarrollo.
Por tanto, los traumas complejos del niño pueden dañar el au-
toconcepto, el comportamiento, la cognición, la salud a largo
plazo, la orientación hacia el futuro y la economía personal a lo
largo de la edad adulta.[9]
Los investigadores y los médicos especializados en traumas
a menudo destacan la conspiración de silencio que impregna

las circunstancias de abuso y negligencia infantil continuados, en las que los miembros capacitados de la familia y de la comunidad aceptan, implícita o inconscientemente, guardar silencio sobre el abuso, la negligencia o el incesto, y rara vez se enfrentan al abusador o intervienen a favor del niño. Algunos han descrito esto como la "atmósfera traumática", refiriéndose a un "clima cotidiano que puede ser altamente destructivo para el Yo" del niño maltratado o desatendido.[10]

El psicoanalista alemán Werner Bohleber define el *trauma* como "un hecho brutal que no puede integrarse en un contexto de significado en el momento en que se experimenta porque desgarra el tejido de la psique", y se refiere a la "renuencia a saber" por parte de las personas traumatizadas, las familias y la sociedad en general.[11] Esta renuencia a ser testigo, a saber o a interceder en nombre de las víctimas está profunda y poderosamente arraigada en el complejo del trauma relacional. Los humanos repudian, niegan, evitan y reprimen lo que no pueden soportar reconocer.

Actualmente se sabe que los traumas complejos tienen un impacto nocivo en el desarrollo psicológico del niño o adolescente en edad de crecimiento y están estrechamente relacionados con una mayor incidencia de enfermedades mentales y físicas en etapas posteriores de la vida. Un estudio pionero realizado en 1995 por los Centros para el Control de Enfermedades y Kaiser Permanente examinó el impacto de las Experiencias Infantiles Adversas —EIA— a lo largo de la vida. Las EIA incluyen el abuso, la negligencia y un entorno familiar disfuncional. Por ejemplo, tener un progenitor o cuidador principal con enfermedad mental o adicción, o crecer con un progenitor encarcelado. Desde el estudio original de 1995 se han realizado docenas más que revelan la existencia de una "poderosa y persistente correlación" entre el número de EIA experimentadas por el niño y los malos resultados más adelante en la vida. Esto ha quedado confirmado en un informe de la Universidad de Harvard sobre las EIA y el estrés tóxico. Estos resultados incluyen "un aumento drástico del riesgo de enfermedades cardíacas, diabetes, obesidad, depresión, abuso de sustancias, tabaquismo, bajo rendimiento académico, desempleo y muerte prematura". El informe continúa explicando:

> A principios de la década de 2000, el Consejo Científico Nacional sobre el Niño en Desarrollo acuñó el término "estrés tóxico" para describir los extensos conocimientos científicos sobre los efectos de la activación excesiva de los sistemas de respuesta al estrés en el cerebro en desarrollo del niño, así como en su sistema inmunitario, en los sistemas de regulación metabólica y en el sistema cardiovascular. Las EIA activan todos estos sistemas de respuesta al estrés, que interactúan entre sí. Cuando un niño experimenta varias EIA a lo largo del tiempo —**especialmente sin relaciones de apoyo con adultos que le proporcionen una protección amortiguadora**—, las experiencias desencadenarán una respuesta de estrés excesiva y duradera.[12] *[La negrita es mía].*

Más recientemente, los investigadores de las EIA han incluido la adversidad ambiental y sistémica a los tipos de estrés tóxico que pueden ser perjudiciales a lo largo de la vida. Se han tenido en cuenta los traumas colectivos, como la violencia en la comunidad, la pobreza crónica y el racismo sistémico. Como explica el Centro para el Desarrollo del Niño de Harvard, "la respuesta del cuerpo al estrés no distingue entre amenazas manifiestas dentro o fuera del entorno familiar; simplemente reconoce cuándo hay una amenaza y se pone en alerta máxima".[13]

RECONOCER EL TRAUMA COLECTIVO

El tercer tipo de trauma es el **trauma colectivo,** aunque recibe muchos otros nombres —trauma histórico, trauma cultural, trauma racial, trauma multi o intergeneracional—, todos los cuales hacen referencia al estrés traumático experimentado por un grupo, comunidad o sociedad determinados. Las consecuencias del trauma colectivo suelen afectar a varias generaciones de una misma familia.

La doctora María Yellow Horse Brave Heart, profesora asociada del Departamento de Psiquiatría y directora de Investigación sobre los Nativos Americanos y las Disparidades de la Universidad de Nuevo México, define el *trauma histórico* como "la acumulación de heridas emocionales y psicológicas, a lo largo de la vida y a través de las generaciones, que emanan de experiencias de grandes traumas colectivos", y en su trabajo hace referencia a la respuesta al trauma histórico (RTH), que define como "la constelación de características que se forman en reacción a un trauma colectivo generalizado".

La RTH a menudo incluye depresión, comportamiento autodestructivo, pensamientos y gestos suicidas, ansiedad, baja autoestima, ira y dificultad para reconocer y expresar las emociones. Puede incluir el abuso de sustancias, a menudo en un intento de evitar los sentimientos dolorosos a través de la automedicación. La pena histórica no resuelta es el estado de ánimo asociado que acompaña a la RTH; puede considerarse que esta pena está fijada, deteriorada, retrasada y/o privada de derechos.[14]

Yellow Horse Brave Heart ha llevado a cabo un minucioso estudio de la RTH entre las poblaciones indígenas norteamericanas, los supervivientes y descendientes de los campos de internamiento para japoneses-americanos y los supervivientes y descendientes de los judíos que vivieron el Holocausto. Los puntos en común entre los grupos son a la vez esclarecedores y desgarradores, y deben ser comprendidos, especialmente por aquellos que intentan ofrecer cuidados debidamente informados para el trauma.

LOS IMPACTOS TRAUMÁTICOS SE TRANSMITEN

En 1966, el psiquiatra canadiense Vivian M. Rakoff escribió uno de los primeros artículos sobre el trauma intergeneracional. En su estudio, observó la prevalencia inusualmente alta de estrés psicológico entre los descendientes de supervivientes del Holocausto.[15] El Dr. Rakoff era investigador en el Hospital General Judío de Montreal, una ciudad con una gran población de supervivientes del Holocausto. En el medio siglo transcurrido desde la publicación de ese estudio, ha florecido la investigación sobre la naturaleza intergeneracional del trauma. Gran parte de esa investigación se centra en las consecuencias para la salud mental —por ejemplo, ansiedad generalizada, depresión, trastornos por consumo de sustancias, TEPT y suicidio— que el trauma deja en familias y comunidades de todo tipo.

Otro campo de investigación se centra en los efectos epigenéticos subyacentes de la transmisión del trauma transgeneracional. El término *epigenético* se refiere a cambios hereditarios en el ADN causados por influencias ambientales que afectan a cómo se expresan los genes sin alterar la secuencia del ADN.

La doctora Isabelle Mansuy, profesora de neuroepigenética en la Universidad de Zurich, investiga actualmente los mecanismos de la herencia epigenética en relación con los traumas infantiles. En 2001, Mansuy diseñó un estudio con ratones y propuso una intervención destinada a recrear las condiciones de un trauma infantil. Los investigadores separaron a las crías de ratón de sus madres a intervalos impredecibles y emplearon otros factores estresantes —como colocar a las madres en el agua o en un espacio cerrado— antes de reunirlas con sus crías. En los ratones expuestos a estas experiencias de estrés, los investigadores observaron un patrón de conductas de estrés postraumático, como evitación, mayor asunción de riesgos, mayor ingesta de calorías y mayor comportamiento antisocial, conductas que también se observan en niños expuestos a traumas.[16]

Curiosamente, los mismos comportamientos de estrés postraumático se observaron en la segunda generación de crías —es decir, en los nietos— nacidas de los cachorros machos originales, a pesar de que la segunda generación no fue expuesta a las condiciones de estrés experimental y no fue socializada con sus progenitores machos. En los ratones, los machos no desempeñan ningún papel en el cuidado de las crías.

Mansuy y su equipo aislaron una fuente de la transmisión epigenética. Como escribe la periodista británica Martha Henriques, "los investigadores extrajeron moléculas de ARN del esperma de ratones macho que habían sido traumatizados y las inyectaron en embriones de ratones cuyos padres no habían sufrido este trauma en sus primeros años de vida. Sin embargo, las crías resultantes mostraron los patrones de comportamiento alterados que son típicos de una cría cuyos padres han sufrido un trauma".[17]

Tal vez nuestra comprensión contemporánea de la transmisión epigenética del trauma y de los complejos factores sociales experimentados por los miembros de grupos históricamente traumatizados podría iluminar en cierto modo el antiguo pasaje bíblico en el que Dios habla a Moisés, explicando que "la iniquidad de los padres repercute sobre los hijos, y sobre los hijos de los hijos, hasta la tercera y cuarta generación".[18] Quienes sufren las consecuencias de la adversidad no son solo los experimentadores directos; también las sufren sus familias, sus descendientes y sus comunidades. Esto es lo que los investigadores del trauma Bessel van der Kolk, Alexander C. McFarlane y Lars Weisaeth escriben en su libro *Traumatic Stress:*

> A pesar de la capacidad humana para sobrevivir y adaptarse, las experiencias traumáticas pueden alterar el equilibrio psicológico, biológico y social de las personas hasta tal punto que un acontecimiento concreto llega a empañar todas las demás experiencias, estropeando la apreciación del presente. Esta tiranía del pasado interfiere en la capacidad de prestar atención tanto a situaciones nuevas como familiares. Cuando la gente se concentra selectivamente en los recuerdos de su pasado, la vida se vuelve incolora y la experiencia contemporánea deja de ser una maestra.[19]

La paradoja de la respuesta humana al trauma es que se trata de una elegante adaptación evolutiva destinada a favorecer la supervivencia. Sin embargo, cuando se prolonga, puede acabar produciendo una desintegración nada elegante ni adaptativa.

Revivimos una y otra vez la "tiranía del pasado", la nuestra y la de nuestros antepasados, y la historia se repite sin cesar. Incluso si conseguimos bloquear el pasado y continuar con nuestras vidas como si nada hubiera ocurrido, "el cuerpo lleva la cuenta", como explica el exitoso libro del investigador Bessel Van der Kolk. Nuestros hijos y los hijos de nuestros hijos se verán obligados a cargar con el peso de aquello a lo que nosotros hemos sobrevivido, pero hemos dejado sin curar.

Cathy Caruth, doctora en Filosofía, autora y profesora de Inglés y Literatura Comparada en la Universidad de Cornell, se centra en el "lenguaje y el testimonio del trauma", y describe "un hablar y un escuchar *desde el lugar del trauma*", que no se basa "simplemente en lo que sabemos unos de otros, sino en lo que aún no sabemos de nuestros propios pasados traumáticos". Y continúa: "En una era catastrófica [...] el trauma mismo puede proporcionar el vínculo entre culturas: no como una simple comprensión del pasado de los demás, sino más bien [...] como nuestra capacidad de escuchar el distanciamiento que todos hemos emprendido de nosotros mismos".[20] En capítulos anteriores exploramos el proceso de sintonizarnos con lugares de ausencia o entumecimiento, reconociendo la necesidad de practicar y refinar nuestra capacidad de "escuchar el distanciamiento", como dice Caruth.

EL PROFUNDO DESCUBRIMIENTO DE HILORIE BAER DE LO QUE ESTÁ AQUÍ

Hilorie Baer es una coach personal y facilitadora transformacional que trabaja con individuos, parejas y grupos. Vive en Jerusalén, donde tiene una consulta privada de psicoterapia. En una entrevista sobre el trauma ancestral y colectivo, dijo:

Uno de los mayores cambios [en mi práctica terapéutica] ha sido aprender a entender la energía y a trabajar con ella. La historia y la información de la que la energía es portadora aquí [en Israel] es muy densa. Así que entender la energía es muy importante. ¿Y qué es la energía? La energía está viva; es lo que está aquí.

Este tipo de trabajo de curación en realidad trata de la energía, la energía que está aquí y ahora, que está presente y viva. Hay una energía que está presente en mí y que me precede. Estaba presente en la vida de mis padres y en la de sus padres. Es como si estuvieras trabajando en una habitación, pero hubiera olores, ruidos y todo tipo de cosas procedentes de otras habitaciones. Pero si no sabes que esas otras habitaciones están ahí, no sabes cómo trabajar con ellas; te están afectando, pero no lo sabes. Entonces, de repente, abres un cajón y dices: "¡Oh! *Esto* era lo que estaba pasando".

Aprender a trabajar en el contexto del trauma ancestral y colectivo nos abrió las puertas a esas otras habitaciones. Abrió nuevos espacios para percibir y digerir "lo que está pasando ahora". [A algunos de mis clientes] esto les ha cambiado la vida. Sin la comprensión ancestral, el techo es muy bajo. Y sin el lenguaje para examinar el componente ancestral, el cliente sigue volviendo a su propia historia infantil, buscando la causa. Pero no está allí.

Como terapeuta, aprender a percibir energéticamente cuando se está desplegando algo ancestral ha abierto el campo de juego. Jung aportó muchas herramientas para ayudarnos a entenderlo, como los arquetipos jungianos y el inconsciente colectivo. Sin embargo, la mayor parte de la psicoterapia tradicional no trabaja con esto en absoluto. Pero el hecho es: No puedo sentirme plenamente si no siento [el trauma del linaje]. Esto es así.

Todos estamos dentro del campo del trauma. ¿Y qué es eso? ¡Es la realidad! Pero ni siquiera sabemos que está ahí. No sabemos que el trauma está ahí, que el trauma colectivo está presente. Es simplemente "la vida". Es simplemente "así es como son las cosas". Por eso, sentirlo como trauma es la única forma de empezar a cambiar la "realidad" en la que estamos.

He tenido algunas experiencias personales muy poderosas que me han abierto los ojos a la pregunta de "¿Qué está aquí ahora?". En los grupos del Proceso de Integración del Trauma Colectivo estábamos haciendo nuestro trabajo de procesar y, de repente, surgía algo. Por así decirlo, aparecía la energía de "todas las demás habitaciones". Una vez estuve en Alemania en un grupo de este tipo y, mientras estaba sentada en la sala, me invadió una sensación de terror y rabia. Estaba *dentro* de mí.

Todos los que estaban allí eran amigos míos, gente a la que quiero. Me quedo en sus casas. Formo parte de su comunidad y me encanta estar con ellos. Pero en ese momento, todo eso desapareció y me encontré en un lugar en el que literalmente sentí: "Me van a matar o voy a tener que matar". Era intenso, como si acabara de levantarse el telón.

Lo que sentí no fue mental, estaba vivo. Y siempre está ahí. No se creó en nuestro grupo, ya estaba presente, solo se había tapado u ocultado de la vista. Y hasta ese momento, yo no había estado en la misma frecuencia [que esa energía emocional no resuelta], y nadie más había estado en esa frecuencia. Todos éramos amigos y todo iba bien; era una frecuencia muy diferente. Pero en cuanto se levantó el telón, me sentí enferma. Como confiaba en la gente del retiro, sentí que era seguro hablar con el grupo desde ese lugar [después, el grupo pudo acoger y procesar lo que dije].

Esa experiencia me mostró que hay muchas cosas aquí, o dentro de mí, que estoy reprimiendo, de las que me estoy defendiendo todo el tiempo, aunque no sea consciente de ello. Y pude ver cómo todo esto también está operando en mi cultura y en mi país, en Israel; este reconocimiento realmente me abrió. En Israel, todo es muy político: "esto está bien y esto está mal". Pero todo esto va más allá de la política. El reto es encontrar a otras personas que estén dispuestas a adentrarse en ello, a ver y a acoger lo que está "detrás del telón".[21]

CONEXIÓN FRACTURADA

En la medida en que la salud puede verse como el movimiento equilibrado de las energías de la fuerza vital fluyendo libremente, el trauma es cualquier respuesta a la experiencia que deshace este equilibrio, dejando alguna parte de la fuerza vital bloqueada, atrapada o congelada, lo que reduce su flujo general a través del sistema. Estos cuantos de energía bloqueada ocupan lugares reales en el espacio y el tiempo, y poseen una dirección cósmica. Cada uno de ellos contiene un aspecto del yo que, en virtud del estrés tóxico, ha quedado restringido, separado y ahora es inalcanzable para el yo consciente. Por muy oblicuos o invisibles que puedan parecer los traumas del pasado, son como agujeros negros en la constelación del ser. Y no son simplemente "problemas personales", ya que no existe el trauma individual, la sombra individual o el karma individual. Cada uno de nosotros es una expresión de la totalidad; nosotros influimos en el todo y somos influidos por él.

Como escribe la doctora Clara Mucci, autora y psicoterapeuta de orientación psicoanalítica que ejerce en Italia: "La misma dinámica que se produce en la psique [de las personas traumatizadas] también forma el entorno colectivo".[22] Por mucho que intentemos distanciarnos de las iniquidades del mundo, todo el sufrimiento humano es compartido. Todos acarreamos el dolor de cada uno de nosotros.

Quizá la mayor consecuencia del trauma sea que nos fragmenta y nos desplaza, rompiendo nuestra capacidad de relacionarnos y conectar con nosotros mismos y con los demás en un estado saludable de interdependencia. En su libro *Everything in Its Path*, Kai T. Erikson explica que el trauma colectivo es un "golpe al tejido básico de la vida social que daña los lazos que unen a las personas y deteriora el sentido prevaleciente de comunalidad".[23] Como sabía el psicólogo Abraham Maslow, no basta con sobrevivir: tener comida, cobijo o seguridad adecuados. Para prosperar de verdad, los seres humanos necesitamos un sentido de reciprocidad y pertenencia. De hecho, la salud relacional está en el centro mismo del bienestar humano y es el motor principal de nuestro desarrollo. Si esta capacidad se ha visto perturbada o cercenada por adversidades pasadas, nuestra misión debe ser repararla y reconstruirla, tanto para nosotros mismos como para nuestros descendientes.

Mientras la sombra del trauma colectivo persista y se acumule, inhibirá el desarrollo evolutivo de la humanidad, suprimirá nuestro potencial y nos impedirá hacer realidad un futuro nuevo y mejor.

Por estas razones nos incumbe reconocer e integrar el dolor del pasado para estar más completos, más curados, más presentes.

En un momento dado se asumió que nada escapa de un agujero negro. Los físicos lo llamaron la "paradoja de la información del agujero negro", que llevan casi medio siglo intentando resolver, y por fin parece que lo han conseguido, al menos en teoría. De la revista *Quanta:* "La información, dicen ahora con seguridad [los físicos teóricos], escapa de un agujero negro. Si saltas a uno, no te habrás ido para siempre. La información necesaria para reconstituir tu cuerpo reaparecerá partícula a partícula".[24] Esta es una idea curiosamente extraña, quizá útil para recordarnos que nuestros fragmentos dislocados nunca desaparecen para siempre. No importa lo oscuros o angustiosos que sean los traumas por los que hayamos pasado —o hayan pasado nuestros antepasados—, siempre hay esperanza de que un día podamos resurgir, enteros y completos, con nuestros lazos restaurados, gracias a la sintonización, la presencia y la sabiduría relacional.

SEGUNDA PARTE

En la segunda parte profundizaremos en nuestra comprensión de la sintonización y aprenderemos cómo puede y debe curarse el trauma en los individuos, las líneas ancestrales, las comunidades y las sociedades. Exploraremos el papel de los profesionales de la sanación y de la gente común en este trabajo vital, y consideraremos las repercusiones evolutivas de dicha sanación en nuestras propias vidas y en el destino de nuestro mundo.

En algunos puntos, esta segunda parte está escrita pensando sobre todo en los terapeutas, profesionales de la salud, facilitadores y sanadores de todo tipo, aunque la información que contiene puede ser utilizada por cualquiera. En esas secciones, recomiendo al lector general que se imagine a sí mismo tanto en el papel de profesional como en el de "cliente", y que considere cómo las interacciones o prácticas descritas podrían aplicarse a su propia vida y relaciones.

7

EL PODER DE LA RELACIÓN SANADORA

Puede que estemos al borde de un cambio masivo en nuestra forma de ver el tiempo, la causalidad y la información. La causalidad clásica, el mundo de la bola de billar de Isaac Newton y sus amigos de la Ilustración, en el que las cosas pasaban una después de otra, se está revelando como causalidad popular, una construcción cultural y un sistema de creencias, y no como las cosas realmente son.

—ERIC WARGO

El amor es nuestro verdadero destino. No encontramos el sentido de la vida solos, lo encontramos con los demás.

—THOMAS MERTON

Un trabajo adecuado con el trauma requiere una gran habilidad, empatía, competencia transpersonal y conexión con la tierra. Para "no hacer daño", como sanadores debemos ser capaces de ser testigos de las experiencias traumáticas de un cliente —o de cualquier persona— con compasión y a través de una lente lo suficientemente amplia y profunda. Debemos tener ojos para ver cómo el pasado de una persona, incluido el de sus antepasados genéticos o comunitarios, sigue residiendo en su interior a día de hoy. ¿Cómo se manifiesta el trauma ancestral o comunitario? ¿Cuáles son los indicadores? ¿Cómo podemos presenciar con precisión el pasado invisible y llegar a percibir lo que está ausente, lo que falta o lo que interfiere en el presente? Estos son los objetivos de la curación relacional integrada.

Tal como comentamos en el capítulo 6, el trauma no se define por un acontecimiento externo, sino por la reacción interna que se tiene ante una experiencia traumática. El trauma es una respuesta del sistema nervioso que se cristaliza en el momento en que se produce un *shock* o una adversidad, una especie de instantánea fisicalizada del cuerpo-mente que se almacena en el cuerpo hasta que pueda procesarse y transmutarse. De este modo, el trauma es en gran medida una manifestación del pasado, por ejemplo, un momento de la primera infancia.

No todos los traumas que se codifican en tu sistema nervioso central son solo tuyos. Algunos pueden tener su origen en adversidades vividas por uno o varios antepasados mucho antes de que nacieras. Cuando un sistema traumático se perpetúa durante décadas o incluso cientos o miles de años, sus efectos pueden manifestarse en todas las personas que nacen en esa cultura. En la historia de nuestra especie, innumerables traumas se han transmitido de una generación a otra en forma de energías no sanadas y no integradas —el pasado cristalizado—, que ahora son inseparables de nuestra vida en el presente.

Como hemos visto, esto es lo que hacen las experiencias traumáticas: fragmentan y separan nuestra energía vital, dificultando nuestra plena presencia en el ahora mientras nos aferramos a la información fracturada del pasado. Cuando ocurre algo que activa un "archivo" traumático fragmentado, por así decirlo, el sistema nervioso se "dispara" o activa, y podemos retroceder a la etapa de nuestro desarrollo en la que se produjo ese trauma originalmente —por ejemplo, volver al yo de los cinco años—.

Suele ser difícil predecir y saber de antemano qué podría activar el trauma de una persona, pues la respuesta puede parecer exagerada o irracional para un observador externo. Esto se debe a la naturaleza fragmentada del trauma. Como la energía original del trauma está desperdigada por el sistema, cualquier correspondencia o vínculo con el todo está desconectado, lo que hace más probable la regresión.

Y esto no es un accidente. De hecho, incluso los desencadenantes o activaciones de traumas pasados poseen una especie de brillo evolutivo. Cuando se produjo el trauma en el niño de cinco años, se impidió que determinado aspecto de su desarrollo se desplegara de forma saludable, y todavía está esperando a ser liberado. Es como una arruga en el espacio-tiempo que espera a ser alisada para que toda la película pueda por fin reproducirse con claridad. La regresión que se ha activado es como una ventana emergente que incita a esa liberación: "¡Atención: mira este problema!".

Estos archivos fragmentados explican por qué, en ciertas áreas de tu vida, todo parece fluir de forma sincronizada, mientras que en otras las cosas pueden parecer atascadas, estancadas o bloqueadas. Tal vez en tu vida profesional las cosas suelen desarrollarse con facilidad. Tiendes a conocer a las personas adecuadas en el momento oportuno o a atraer a clientes clave con facilidad. Sin embargo, en tu vida personal o sentimental las cosas pueden parecer más difíciles o menos sincronizadas. Esa dificultad o "estancamiento" puede deberse a traumas no integrados en el ámbito de las relaciones íntimas. Hay coherencia y serendipia o hay incoherencia, fragmentación y desincronización. En este último caso, podemos recurrir a ciertas señales para descubrir con precisión qué "archivos" están rotos y necesitan una limpieza del sistema.

A menudo luchamos contra el miedo, la duda, el entumecimiento, el malestar y la ansiedad que eclipsan "la película", es decir, un flujo más completo y claro de luz e información sobre nuestra experiencia presente: todo lo que nos está sucediendo o está disponible para nosotros en este momento. La energía del trauma crea un filtro sobre nuestra percepción; cuando estamos traumatizados, nuestra percepción del mundo está distorsionada y limitada; la conciencia se reduce o se ensombrece. Por eso, a menudo proyectamos el trauma del que no nos apropiamos sobre el mundo y reaccionamos como si dicho trauma nos siguiera ocurriendo por culpa de otras personas.

La verdadera curación tiene el poder de restaurar las distorsiones y de aportar coherencia interna y externa, incluida la mejora de las relaciones. A medida que sanas, esa pieza rota de tu pasado puede volver al redil. A través de la consciencia madura y encarnada, sintonizas con las partes de ti mismo que están ausentes o desincronizadas, y trabajas conscientemente para reintegrar estos aspectos de ti mismo.

En momentos normales de desafío o estrés —utilicemos el ejemplo de una reunión difícil del equipo de trabajo—, puede que te sientas un poco bloqueado o estancado, pero normalmente puedes encontrar la forma de superarlo. Tal vez el problema surja por falta de un conocimiento comercial específico o por falta de recursos financieros. Una vez que reconoces lo que te falta y empiezas a buscar para conseguirlo, vuelves a sentirte capacitado. Ahora puedes incorporar la ayuda o adquirir las competencias necesarias y abrirte camino hasta una solución o resolución.

Sin embargo, si el estrés original se debe a una aversión o trauma previos que no han sido resueltos, es posible que no seas capaz de identificar lo que te falta y lo que necesitas y, por lo tanto, no te sientas capaz de actuar. Incluso puedes caer en un estado de parálisis o agobio y quedarte paralizado, incapaz de hacer nada. O puedes retroceder y reaccionar en contra de los demás, o en discordancia con las exigencias del momento. El pensamiento "¡No puedo hacer esto!" te parecerá totalmente cierto, como si de repente la vida te hubiera ordenado pilotar un avión hecho de cuerda y ladrillos. No obstante, la reacción de agobio ante el estrés actual tiene mucho menos que ver con el estrés en sí que con la activación de un trauma *previo*.

Asimismo, nuestra responsabilidad hacia aquellos con quienes nos relacionamos es aprender a estar realmente con ellos en sus momentos de dificultad, sintonizando con ellos tal como son y donde están.

El trauma produce un sentimiento de escasez, una sensación de no haber suficiente. No hay tiempo suficiente, no hay espacio suficiente, no hay recursos suficientes, no hay conexión ni apoyo suficientes. En la traducción de Stephen Mitchell del *Tao Te Ching*, hay una línea muy hermosa: "Cuando la maestra se encuentra en dificultades, se detiene y se entrega a ellas".[1] Piensa en esto por un momento. No se aferra a sus comodidades ni grita ante sus problemas. En lugar de eso, "se detiene y se entrega a ellas". Esta es una manera de decir: "Necesito tomar algo de espacio".

Cuando surge esa sensación de escasez, de "que no hay suficiente", el antídoto es parar, tomarse un momento, un poco de espacio, un poco de tiempo. Estar con lo que surja en nuestro interior para relacionarnos mejor con lo que ocurre en el exterior. Asimismo, nuestra responsabilidad hacia aquellos con quienes nos relacionamos es aprender a estar realmente con ellos en sus momentos de dificultad, sintonizando con ellos tal como son y donde están —este es también el deber del personal sanitario, de los sanadores, terapeutas, facilitadores y entrenadores—.

Si bien esto es algo simple, no resulta fácil. Por eso es importante considerar el aspecto que puede tener y la sensación que realmente produce "estar con", es decir, estar presente y en sintonía con el otro.

SENTIRSE EN CONEXIÓN

Cuando tú y yo nos sentamos a conversar, yo te escucho y tú me escuchas. Escuchar de verdad requiere un compromiso con la presencia, por supuesto, así que hacemos mucho más que oír con los oídos y comprender con la mente. No solo te oigo, sino que te *siento*, y siento que tú me sientes. En su libro *Mindsight*, Dan Siegel lo describe como "sentirse sentido", una conexión que se produce cuando "sentimos que nuestro mundo interno es compartido, que nuestra mente está *dentro* del otro".[2] Este sentimiento de conexión se convierte en una danza. Escuchamos y hablamos, recibimos y contribuimos a un ritmo pulsante. Y siempre que seamos conscientes de nuestra propia experiencia —física, mental y emocional— podemos conectar profundamente uno con otro. Es una danza preciosa. Pero si, mientras hablamos, algo que oigo o percibo toca del modo que sea una parte de mí que está cerrada, adormecida, disociada o disonante, ese sentimiento latente puede surgir y el ritmo entre nosotros se pierde.

Tal vez, en algún punto de nuestra conversación, me siento un poco inflamado y reactivo, o de repente retraído y distante. Tú lo notarás. Para ti, ahora parezco estar a la defensiva, incapaz de conectar contigo o de entenderte. Tal vez incluso notes que parezco un poco disociado o desencarnado. Como ya hemos dicho, la activación traumática tiende a manifestarse en los extremos, desde la hiperactivación hasta la hipoactivación. Cuando mi pasado no resuelto se ha activado de esta manera, ya no puedo estar presente contigo en nuestro espacio relacional; retrocedo, me desintegro y me desapego.

Por eso es tan importante poder mirar, escuchar y sentir con todo el cuerpo, utilizando todo el sistema nervioso para sintonizar. Con el sistema nervioso totalmente activado, puedes captar mucha más información sobre la interacción física, emocional, mental y relacional. Y este tipo de escucha con todo el cuerpo es especialmente importante para quienes se involucran en el trabajo de sanación.

Las personas que buscamos una conexión despierta con los demás —seamos terapeutas, facilitadores o sanadores— debemos practicar el arte de permanecer conscientes y en sintonía con lo que ocurre tanto dentro de nosotros mismos como dentro del otro, afinando nuestra capacidad para percibir la coherencia o la incoherencia en la conexión.

Hay muchas prácticas diarias que pueden ayudarnos a potenciar nuestras facultades para percibir la coherencia relacional. En términos generales, estas prácticas utilizan cuatro elementos interrelacionados: los estados físico, emocional, mental y relacional.

Estado físico. En un momento dado, puedes conectar con las sensaciones de tu cuerpo físico simplemente abriendo tu conciencia a la sensación física o a la falta de sensación en las diversas partes del cuerpo. ¿Cuál es el ritmo y la profundidad de la respiración? ¿Cómo es tu postura? Cuando prestas atención a tu cuerpo, ¿dónde sientes conexión, vitalidad, hormigueo o sensaciones fluidas? ¿En qué partes del cuerpo notas malestar, falta de conexión, o una sensación de ausencia o entumecimiento? ¿En qué partes del cuerpo sientes tensión o estrés? ¿Contracción o expansión? ¿Desconexión o apertura y fluidez? Prestar atención con regularidad al cuerpo y medir conscientemente su estado nos permite abrir caminos hacia las emociones ocultas, la tensión y el estrés.

Estado emocional. El cuerpo es como una copa que contiene las aguas emocionales. Es más, el cuerpo puede indicarnos cambios sutiles en nuestra experiencia emocional. A veces, los cambios son sutiles, mientras que otras son bastante intensos. Es valioso consultar continuamente con el cuerpo y aprender sus diversas respuestas a las experiencias emocionales. Es casi seguro que estarás familiarizado con los sentimientos corporales de incomodidad y malestar, que a menudo se manifiestan como sensaciones en el vientre. Aprender a notar y estar presente en las sensaciones corporales sutiles que acompañan a la vergüenza, la tristeza, el miedo o la ira es tan importante como reconocer las sensaciones físicas que revelan entusiasmo, alegría y amor. A veces, puede haber una sensación de entumecimiento y eso también está bien. —Recuerda que, en determinadas situaciones, *no sentir* es una excelente estrategia de supervivencia—. No es necesario emitir juicios de valor sobre las señales que recibimos; lo importante es darnos cuenta de ellas.

Estado mental. Igualmente importantes son las señales procedentes del yo mental, con el que podemos sintonizar simplemente preguntándonos: "¿Cuál es mi estado mental en este momento?". Practica el asumir una perspectiva de testigo sobre tu proceso de pensamiento —es decir, "¿qué pensamientos están discurriendo de fondo en este momento?"—. Simplemente observa. ¿La mente está ocupada o tranquila? ¿Está muy concentrada o un poco distraída? ¿Sientes tus pensamientos abiertos y expansivos o tensos y constreñidos? ¿La mente está espaciosa o abarrotada? A veces, nuestros pensamientos fluyen fácilmente con una sensación de mayor conexión, mientras que otras experimentamos pautas de pensamiento tensas y cíclicas. Practica la observación de todos estos estados.

Estado relacional. ¿Hasta qué punto estoy conectado con el espacio relacional o intersubjetivo, con el espacio entre nosotros? ¿Hasta qué punto me siento aislado o apartado de la otra persona, o ella de mí? Todas las emociones y experiencias humanas viven en determinada condición relacional. Si el sistema es maduro, abierto y emergente, la experiencia actual puede mantenerse en un estado de relación fluido, con calidez, conexión y curiosidad. Pero cuando estamos heridos o lastimados, somos incapaces de procesar nuestras emociones en relación. Nos sentimos demasiado inseguros o no somos bien recibidos, lo que nos lleva a la evitación o la retirada, o podemos aferrarnos desesperadamente a la otra persona como si nos estuviéramos ahogando y buscáramos ser rescatados.

Una vez que hemos presenciado conscientemente el estado de un sistema —físico, mental, emocional o relacional—, es fundamental comprobar el estado de los demás, observando cómo el estado de la mente coincide con el del cuerpo, y así sucesivamente. Practicar la sintonización de los cuatro nos ofrece nuevos descubrimientos sobre su coherencia.

Supongamos que estás en el proceso de tomar una decisión importante con relación a tu trabajo. Mientras piensas en lo que debes hacer, revisas tu mente y notas la presencia de pensamientos ansiosos. Puede que percibas estos pensamientos como una interferencia, pero simplemente quieren mostrarse. Piensa en ello como que estás en un proceso de desintoxicación. A continuación, entra en contacto con tu cuerpo y observa sus sensaciones. Puede que sientas tensión en los hombros, dolor en la parte baja de la espalda u otros síntomas de tensión que pueden indicar miedo y ansiedad. Puede parecer que ese miedo está relacionado con la decisión de peso que estás intentando tomar; o puede ser un indicador de que tienes una capacidad limitada de relacionarte con lo que estás experimentando.

Después de todo, no hay ningún león salvaje acechándote en busca de su próxima comida; tu supervivencia corporal no está en peligro debido a tus preocupaciones profesionales. Por lo tanto, el miedo o la ansiedad que sientes no tienen que ver con el peligro, sino con una proyección inconsciente del pasado sobre algún aspecto del presente: tal vez tu jefe, tu socio comercial o tus expectativas imaginarias en un ramo determinado de la industria. Y es esa proyección la que crea una dinámica temerosa que colorea tu forma de presentarte, de participar, de pensar y de comportarte, todo lo cual influye en tu forma de experimentar la vida.

El pasado no integrado se manifiesta como información no digerida que afecta a nuestra vida actual y limita nuestras posibilidades futuras. Así, el pasado puede eclipsar el presente de manera muy real, distorsionando nuestra percepción de él y mermando nuestra capacidad para afrontarlo.

Cuanto más consciente seas de esta dinámica en tu propia vida, más capaz serás de estar presente con otras personas que están luchando con sus propios miedos y ansiedades. Desarrollarte en este sentido te permite ofrecer una presencia, un espacio y un tiempo clarificadores para ti y para los demás. Sin embargo, si no maduras en el discernimiento, seguirás participando en las dinámicas inconscientes de los demás y, sin darte cuenta, mantendrás con ellos acuerdos de sombra o de trauma.

Como hemos visto, una experiencia anterior de trauma impacta en nuestro bienestar físico, emocional y mental en el presente. Distorsiona nuestra percepción de la realidad, deformando nuestra experiencia del espacio y el tiempo, e inhibiendo nuestro acceso al presente y al futuro. El pasado no digerido nos desincroniza, limitando nuestra capacidad de conectar profundamente con los demás, de alcanzar estados de flujo o de descargar la luz emergente del futuro. La integración se hace posible a medida que tomamos conciencia de la naturaleza fragmentada de nuestro pasado, trayendo cada una de sus piezas a nuestra conciencia presente. Así es como integramos la historia.

Una vez más: la historia no integrada es el pasado; la historia integrada es presencia.

Como hemos explorado en el capítulo 2 y en otros lugares, resolver el pasado nos permite estar aquí, ahora, presentes en la conversación. La integración alinea todas las funciones ordinarias —estados mentales y emocionales y sensaciones corporales— y abre el acceso a capacidades más elevadas, nuevas y emergentes. Nos permite sentir más profundamente, percibir con mayor claridad, pensar de forma más innovadora y conectar de forma más holística entre nosotros, con nuestros antepasados y con nuestros futuros descendientes. La integración ilumina las estructuras de la conciencia, esclarece la sabiduría ancestral y desvela nuevos ámbitos de la inteligencia natural humana. Lo que se pone a nuestra disposición son los ricos recursos que nuestra especie ha desarrollado a lo largo de cientos de miles de años de historia humana.

Integración es evolución en acción.

Por el contrario, la historia no integrada se muestra como una interferencia, perturbación o distorsión. El pasado fragmentado se convierte en las emociones difíciles de hoy, en el desarraigo, en sistemas de creencias intratables y en instituciones disfuncionales. Ensombrece nuestra experiencia de los demás y del mundo. Así, la integración no es un esfuerzo personal que deba emprender para sentirme mejor; es mi responsabilidad para con el futuro de la vida misma. Y con ella llegan la verdadera innovación, las nuevas percepciones y las visiones reveladoras que permitirán la renovación de la vida en este planeta. La integración es evolución en acción. Requiere nuestra participación y favorece nuestra resiliencia.

Aquí vemos la interacción vital entre lo individual y lo colectivo, entre un ser humano y toda la humanidad. Como escribe el doctor Michael Ungar, fundador y director del Centro de Investigación sobre la Resiliencia de la Universidad Dalhousie, en Canadá:

> ¿Existen similitudes entre la forma en que una persona desarrolla y conserva su resiliencia psicológica y la forma en que un bosque, una comunidad o la empresa en la que trabajas mantienen su éxito y sostenibilidad durante periodos de extrema adversidad? ¿Influye la resiliencia psicológica de un ser humano en la resiliencia de los bosques —a través de un cambio de actitud hacia la conservación—, de la comunidad —a través de una sana tolerancia hacia las diferencias— y de las empresas —ayudando a mejorar el rendimiento de la mano de obra— con los que interactúa? Y, por último, ¿ayuda esta comprensión de la resiliencia a construir mejores ecologías sociales y físicas que apoyen la salud mental individual, un medio ambiente sostenible y al mismo tiempo una economía próspera?[3]

La resiliencia colectiva se basa en la resiliencia individual, y viceversa. La integración se refleja en todos los sistemas. Nos otorga la capacidad de comunicar e intercambiar, de relacionarnos de una manera sana.

INTELIGENCIA RELACIONAL

La teoría polivagal del doctor Porges postula que el sistema nervioso central mamífero viene equipado con una conexión relacional. Cuando un padre tranquilo abraza y consuela a un niño ansioso, los sistemas nerviosos del padre y del niño se sincronizan, o se emparejan, un poco como dos dispositivos con Bluetooth. Se produce una sincronización que viene acompañada de una sensación de "¡Ahh, así está mejor!". Para el niño, esto genera una sensación de seguridad y le permite sentirse visto, escuchado y *conectado*.

Esta dimensión de seguridad es crucial para cualquier tipo de trabajo con el trauma, porque este crea intrínsecamente una falta de seguridad, una sensación de amenaza inminente que constriñe y resulta angustiosa. Las personas que tienen desarrollada la capacidad de crear espacio para recibir a otros son lo que el Dr. Porges llamaría "reguladores entrenados". Son expertos en ayudar a los demás a regular y relajar sus propios estados internos, lo que, a su vez, refuerza el sentimiento de unión y pertenencia.

Para sanar el pasado y crear una mayor coherencia en el presente —y, por tanto, una mayor disponibilidad para el futuro— son esenciales tres pasos: reflexión, digestión e integración.

Reflexión. Cuando el sistema nervioso se encuentra en un estado relajado y regulado, podemos empezar a reflexionar sobre nuestra vida y nuestras relaciones. Se necesita cierta cantidad de espacio interno para que se produzca la introspección. A veces, se produce mientras damos un paseo, preparamos una taza de café, disfrutamos de una pieza musical o nos sentamos en la playa a contemplar las olas. Todas ellas son actividades que ofrecen espacio y favorecen la reflexión relajada.

Digestión. Cuando tenemos suficientes oportunidades para reflexionar, entramos más profundamente en contacto con nuestras experiencias no integradas, es decir, con todos los datos de la vida que están guardados en el almacén del sistema nervioso, incluidos los traumas del pasado. Con la suficiente tranquilidad y una sensación de apertura, empezamos a digerir las experiencias y emociones difíciles —por ejemplo, vergüenza, ira, desesperación—.

Integración. El proceso de digestión desencadena la transformación. Ahora podemos repasar nuestras experiencias y ser testigos de todo el proceso, desde la sensación de desconexión y entumecimiento hasta la activación y la excitación dolorosa. A través de la conciencia, todo lo que hemos digerido queda integrado en nuestra perspectiva actual. Aprendemos de nuestro pasado y el proceso amplía nuestra sabiduría y comprensión. La integración actualiza y mejora la conciencia.

La reflexión favorece la digestión, que nutre y restaura el sistema nervioso. Y la digestión favorece la integración, porque ahora podemos contemplar la experiencia con mayor conciencia y reconocer las lecciones aprendidas. La integración es la incorporación de nuevos aprendizajes y nueva sabiduría, que amplían nuestra perspectiva. La parte de nosotros que contempla el proceso se vuelve más sabia, más amplia y más incluyente. Por eso, para que se produzca la curación del trauma necesitamos espacio, sitio para que el sistema nervioso se relaje y libere sus experiencias congeladas a fin de digerirlas e integrarlas.

Cuando permitimos que se produzca este proceso, especialmente en el contexto de un entorno que nos apoya, a menudo experimentamos cambios positivos o *crecimiento postraumático*. Este concepto, desarrollado originalmente por Richard Tedeschi, y Lawrence Calhoun en la década de 1990, describe que, tras experiencias de adversidad y trauma, muchas personas experimentan una transformación positiva en diversas áreas de la vida, desde la calidad de sus relaciones hasta sentimientos de gratitud más profundos y una honda sensación de renovación espiritual.[4] El crecimiento postraumático puede ser un proceso de restauración del sistema nervioso humano.

Cuando el sistema nervioso está bien regulado y sincronizado, podemos participar en la vida, apasionarnos por nuestro trabajo, relacionarnos profunda y hábilmente con los demás, e incluso crecer y cambiar después de las experiencias traumáticas.

El doctor Stephen Porges lo expresó muy bien cuando dijo que, como mamíferos, nuestros sistemas nerviosos centrales humanos tienen dos funciones. Una es responder a las amenazas a nuestra supervivencia activando la respuesta de lucha, huida o congelación; la otra función es activar la relajación y el descanso para que se produzca la digestión, la reflexión, la autocuración, la regeneración y la recuperación. Cuando el sistema nervioso está bien regulado y sincronizado, podemos participar en la vida, apasionarnos por nuestro trabajo, relacionarnos profunda y hábilmente con los demás, e incluso crecer y cambiar después de las experiencias traumáticas. La regulación te permite experimentar el descanso, la seguridad y la reflexión. Te permite cultivar un espacio interno para el silencio, la contemplación, la meditación y la presencia, y también te permite desarrollar una sensación de bienestar a partir de la cual descubrir una mayor pertenencia al mundo que te rodea.

La relajación sigue a la sensación de estar plenamente encarnado, que es la clave. Te permite estar en contacto con lo que el cuerpo esté sintiendo. La encarnación relajada favorece el arraigo y la capacidad de tomar distancia y digerir las experiencias. En este sentido, "digerir" se refiere a dar sentido, que es cognición más sensación física. Si tu nivel de estrés es crónicamente alto, estás intentando añadir energía/información a un espacio demasiado pequeño —espacio constreñido—, lo que sobrecarga y desregula el sistema nervioso. Sin una digestión adecuada, el sistema nervioso —al igual que el intestino— se llena y se bloquea. Pero cuando uno es escuchado, oído y visto, se siente reconfortado y puede relajarse y digerir sus experiencias con seguridad. Esto revela que la coherencia interna y externa son compañeras, y que influyen y se ven influidas por la coherencia relacional.

Solo cuando uno se encuentra en un estado de coherencia puede proporcionar —a menudo en pocos minutos— una sensación de seguridad a otra persona que está muy estresada o activada por un trauma. No se trata tanto de lo que dices o haces, sino de cómo te *siente* la otra persona. Tu sistema nervioso regulado se sincroniza con el del otro, como si le prestaras algunos de tus recursos. Después de un rato de estar juntos, tu amigo estresado podrá calmarse y tener una perspectiva más clara del problema al que se enfrenta.

ACTUALIZAR EL TÚ QUE HAY DENTRO DE MÍ

Seamos claros: la coherencia interna/externa es más que una cualidad de calma o relajación. También es una medida de nuestra apertura a percibir lo nuevo o lo inesperado, por eso la sintonización nos pide que estemos presentes ante lo que surge, no ante lo que esperamos que surja. Ahora, consideremos por qué esto es tan importante.

Cuando me siento frente a ti, mis retinas captan la luz que te rodea y transmiten esos datos a mi cerebro, donde se forma una imagen de ti. Mis oídos captan las ondas sonoras creadas por tu voz y transmiten esos datos a mi cerebro. En este sentido, no te percibo totalmente como eres, sino como apareces dentro de *mí*. Cuanto más interactuamos, más se cristaliza mi impresión de ti.

En general, esto es algo positivo; me permite reconocerte y llegar a conocerte. Pero mi conciencia de quién eres está limitada por mi percepción, que puede estar distorsionada o reducida por mi propia sombra o trauma. ¿Qué pasa si has experimentado un cambio interno radical desde la última vez que te vi? Si me baso únicamente en mi percepción de ti procedente del pasado, no notaré ninguno de tus cambios. Es vital tener un enfoque flexible y adaptable: debo estar dispuesto a actualizar mi impresión de ti en mi disco duro interno. Esa versión guardada de ti es información sobre ti en el pasado, no en el presente, y está filtrada por mi propia percepción.

Si estoy completamente presente contigo, el tú dentro de mí se actualiza momento a momento. Este es el proceso fluido de relacionarse. Y si en algún momento dejo de relacionarme contigo, el tú dentro de mí colapsa en un facsímil del tú dentro de mí procedente del *pasado*. Podemos pensar que relacionarnos es una especie de conexión de datos actuales que ocurre en tiempo real —y el presente es el único tiempo real—.

Para mantenernos en relación podemos utilizar la resonancia horizontal y vertical, y emplear el proceso de reflexión —para tomar conciencia—, digestión —para absorber, asimilar o consolidar— e integración —para reordenar o reorganizar el pasado—, eliminando lo que ya no sirve y actualizando el todo con nueva información, datos o luz. Al fin y al cabo, la luz siempre es nueva, siempre está en movimiento. Es el flujo y el movimiento de la información viviente. La integración, por tanto, es el proceso de añadir nueva luz al alma.

LA RELACIÓN CORRECTA Y LA LEY DIVINA

Como hemos visto, todo impacto traumático duradero desincroniza el cuerpo, la mente y las emociones, y fragmenta un aspecto de la fuerza vital de tal modo que queda desconectado. Los síntomas de esta fragmentación se muestran en un espectro que va de la rigidez al caos, de la hiperactivación al entumecimiento; es la expresión de un flujo vital restringido o reducido. La integración es el proceso que devuelve estas energías fragmentadas al canal central del cuerpo, o al flujo, creando un nuevo nivel de plenitud.

Todas las cosas del cosmos están poseídas de plenitud, que es el flujo natural e ininterrumpido de conciencia, ser, luz o vida.

Todas las cosas del cosmos están poseídas de plenitud, que es el flujo natural e ininterrumpido de conciencia, ser, luz o vida. En las tradiciones místicas nos referimos a esta condición de totalidad como la *ley divina*, que se refleja en el mundo natural y proporciona el modelo para todo en la naturaleza, incluyendo un sistema nervioso humano sano. La ley divina es el lenguaje de la creación del universo, encarnado en la naturaleza. En resumen, la ley divina hace referencia a la integridad natural. Cuando la ley está viva en nosotros, la luz —la conciencia— fluye a través de nuestros cuerpos y mentes y en los espacios intersubjetivos entre nosotros, iluminando nuestras relaciones y todo lo que hacemos en el mundo. El cumplimiento de la ley divina se produce a través de la correcta relación con uno mismo, con los demás y con el mundo natural. Como escribió Lao Tse:

> El hombre sigue a la tierra.
> La tierra sigue al universo.
> El universo sigue al Tao.
> El Tao solo se sigue a sí mismo.[5]

Relación correcta significa que nuestras palabras y acciones están en consonancia con la integridad natural, lo que nos permite permanecer en relación. Cuando nuestras palabras o acciones no están alineadas con la vida, caemos en la ausencia de relación. La ausencia de relación nos permite herirnos o mentirnos con más facilidad a nosotros mismos o a los demás. En otras palabras, nos hemos desalineado con la ley divina. En un estado de ausencia de relación, el flujo de nuestra luz interna se reduce. Cuanto más fuerte es nuestra transgresión, mayor debe ser la desconexión interna con uno mismo y con los demás.

Un trauma desatendido estrecha o bloquea los pasajes y canales de un sistema vivo. Es más, el trauma colapsa futuros potenciales. Por estas razones, el trauma puede entenderse como una violación de la ley divina. Cuando se restablece el flujo de luz y, por lo tanto, la relación, se restaura la ley misma y se produce una sensación de despertar, curación y renovación.

Como puedes ver, la ley divina es la expresión última del poder de la relación curativa. En el próximo capítulo hablaremos de un proceso escalonado de sanación e integración a nivel individual, ancestral y colectivo.

8

GUÍA PARA FACILITADORES DE LA SANACIÓN

Los organismos expresan el deseo de estar-en-conexión, pero todo participa del deseo anhelante de llegar a ser mediante la transformación mutua. Las piedras también. Su apertura a nuevos encuentros se manifiesta en el lento marchitamiento de sus cortezas. Todo lo temporal participa en la realización del deseo. Todo lo que sucede lo empuja a avanzar. La flecha del tiempo es la flecha del deseo. El tiempo está ahí porque las cosas suceden, porque los átomos se encuentran, porque las piedras se respiran unas a otras. La materia es social. El tiempo surge porque este cosmos no puede quedarse quieto. Necesita compartir y conectarse.

—ANDREAS WEBER[1]

Para desarrollarse normalmente, un niño necesita una actividad compartida cada vez más compleja con uno o más adultos que tengan una relación emocional irracional con él. Alguien tiene que estar loco por ese niño. Eso es lo primero.
En primer lugar, en último lugar y siempre.

—URIE BRONFENBRENNER

Como se señala en el capítulo 6, el término *estrés tóxico* — acuñado por los investigadores Andrew Garner y Michael Yogman— describe una "amplia gama de cambios biológicos que se producen a nivel molecular, celular y conductual cuando se presenta una adversidad prolongada o significativa en ausencia de amortiguadores socioemocionales mitigadores".[2] Estos cambios en el cerebro físico son adaptativos a corto plazo —es decir, promueven la supervivencia en un entorno amenazante—, pero a largo plazo pueden volverse disfuncionales para la salud mental o física. Según la ciencia, la presencia de conexiones sociales positivas —es decir, "amortiguadores emocionales mitigadores"— reduce o incluso previene los efectos negativos del estrés tóxico a largo plazo. "Al centrarnos en las relaciones seguras, estables y enriquecedoras —SSNR, por sus siglas en inglés—, que amortiguan la adversidad y fomentan la resiliencia —afirman estos investigadores—, estamos en la cúspide de un cambio de paradigma".[3]

Esto es, sin duda, una buena noticia. Y es la razón de ser de este libro: destacar la importancia vital de las relaciones humanas, porque cuando nos ayudamos unos a otros, pueden producirse cambios curativos, incluso en medio de las dificultades y del cambio acelerado. De hecho, la integración curativa *solo* se produce a través de un proceso de relación renovada, ya sea con otra persona o con las impresiones de nuestro propio pasado.

MÁS ALLÁ DEL CUIDADO INFORMADO SOBRE EL TRAUMA AL CUIDADO INTEGRADOR DEL TRAUMA

Todos los que trabajan de cerca con pacientes y clientes saben lo importante que es poder ofrecer un espacio coherente en el que sea posible la relación. La clave aquí es reconocer que tus propias zonas inconscientes del pasado no resuelto —los problemas ocultos y enterrados dentro de ti en tu papel profesional— invariablemente se mostrarán como proyecciones sobre el cliente, es decir, distorsiones de la percepción. De una manera muy real, tu sombra no abordada restringe el espacio relacional que puedes proveer y reduce tu capacidad de ayudar y dar apoyo. Como profesional o líder, tu viaje de sanación personal, junto con tu dedicación al desarrollo transpersonal, son inversiones críticas en la creación de un trabajo consistente, seguro, nutricio y orientado al potencial.

Dicho de manera simple, predica con el ejemplo. El mero conocimiento no es suficiente; para tener un impacto verdaderamente integrador se necesita el conocimiento encarnado.

Cada vez que experimentas un problema con un cliente o un miembro del equipo, estás viendo el borde de tu propio universo consciente reflejado de vuelta hacia ti. Cuando experimentas una "dificultad" en el trabajo, siempre es una invitación a profundizar en tu propio proceso de integración. Los clientes difíciles nunca están "ahí fuera", solo están "aquí dentro". Reconocer que es necesaria la integración y ponerse a su altura genera un cambio que va más allá del cuidado informado del trauma al cuidado integrador del trauma.

Tu madurez y coherencia son los instrumentos de la curación. Al utilizar la inteligencia superior de la sintonización relacional, podrás sentir con precisión dónde, cómo e incluso cuándo puede haber ocurrido el trauma en la vida del cliente y, utilizando este instrumento de sintonización, podrás apoyar suavemente los aspectos traumatizados para que el individuo —o grupo— pueda empezar a reflexionar, digerir e integrar ese pasado fragmentado en el flujo presente de ser y pertenecer. Tu propio sistema nervioso regulado ofrece una percepción sutil del otro y actúa como una especie de diapasón, ayudando al sistema nervioso de la otra persona a regularse y cohesionarse.

RELACIONES SEGURAS, ESTABLES Y NUTRICIAS

Cuando encarnas un estado energético abierto y conectado, puedes sentirlo. Tu campo energético está "en línea" y hay un intercambio fluido de información entre tu entorno y tú. Te sientes más saludable, más productivo y más vinculado con la vida.

Si tus cuidadores te desatendieron, no te apoyaron o te dominaron con frecuencia en tus primeros años de vida, te resultará más difícil experimentar estados corporales de conexión y fluidez. Ya de pequeño, tu cerebro y tu sistema nervioso habrán aprendido a adaptarse retrayendo tus energías en defensa de tu propia supervivencia. Con el tiempo, este estado de retraimiento se convertirá en un patrón de tensión en el cuerpo. Si no se aborda, esta tensión acabará manifestándose a través del malestar y el dolor, y podría impedirte relacionarte con facilidad o en profundidad con otras personas, incluso con aquellas a las que quieres.

La buena noticia es que el cuerpo quiere liberarse de la tensión de forma natural. Sin embargo, la única manera de hacerlo permanentemente es integrar los procesos que están detrás de la tensión, que se crearon debido a que un contexto relacional no te apoyó en los primeros años de vida. La retirada reflexiva de energía, y las tensiones que esto genera, no aparecen por sí solas; se crearon *en la relación*. Algunas tensiones pueden haber sido heredadas. Por lo tanto, no pueden integrarse estando aislado. Tendrás que volver a un contexto relacional para hacer el trabajo, pero esta vez en una dinámica de apoyo, de presente y sintonización —es decir, segura, estable y enriquecedora—.

En el sentido más fundamental, la curación es simplemente la creación del contenedor o entorno adecuado: un entorno de sintonización o sincronización, que es el lenguaje mismo de la relación.

La conexión que ofrece apoyo es fundamentalmente curativa y es precisamente la razón por la que muchas formas de terapia pueden ser tan beneficiosas para los supervivientes de traumas. Las relaciones seguras, estables y enriquecedoras permiten que un sistema nervioso fragmentado entre en corregulación y resonancia; las relaciones nutricias crean espacio para cualquier luz o energía que se haya *ausentado*, de modo que pueda ser restaurada al flujo de la vida como nueva inteligencia. En el sentido más fundamental, la curación es simplemente la creación del contenedor o del entorno adecuado: un contenedor de sintonización o sincronización, que es el lenguaje mismo de la relación.

En un contenedor relacional consciente y resonante, el terapeuta maduro puede conectar con el proceso interno del cliente. Existe una sincronización entre las mentes, los cerebros y los sistemas nerviosos. Esta sincronización hace que el campo sutil intersubjetivo entre el cliente y el terapeuta sea muy coherente y claro, de modo que cualquier fragmentación, desconexión o entumecimiento pueda ser presenciado conjuntamente.

EL ALMA ENCARNADA

El alma quiere aterrizar en el cuerpo, que lleva dentro la sabiduría de toda la historia evolutiva de la humanidad a lo largo de millones de años. Con un apego sano —otra forma de decir "relación sana"—, la energía del alma —nuestra creatividad e inteligencia— puede aterrizar bien en el cuerpo. Pero si nuestras relaciones con los cuidadores y otras personas no fueron seguras, solidarias y cariñosas durante los primeros años, necesitaremos contraernos y retener parte de nosotros mismos del mundo. Esto crea una tensión crónica en el cuerpo-mente, que es el sistema intentando estabilizarse. El precio que pagamos más adelante es que no podemos sentir que la corriente del río de la vida nos atraviesa. En lugar de eso, a menudo sentimos que nos ahogamos en las experiencias que ocurren fuera de nosotros. La salud relacional nos mantiene conectados al río más amplio. Nos permite nadar y que se nade en nosotros, grácilmente.

Para que se produzca la curación relacional, no son necesarias las formas tradicionales de análisis y una "terapia de conversación" prolongada. Las palabras del cliente sobre sus dificultades pasadas o presentes sirven de puerta de entrada a un proceso más profundo. A medida que el cliente comparte, podemos sentir cómo y dónde se asienta el trauma en su interior. A partir de ahí, podemos empezar a explorar juntos un proceso de conciencia interna más refinado, simplemente observando las sensaciones que surgen en el cuerpo. La historia personal del cliente nos permite llevar su atención al mundo interno.

Como sanadores integradores, ofrecemos al cliente una sensación de seguridad mientras le invitamos a darse cuenta de cuándo y dónde hay retracción o tensión. Al sintonizar con una mayor presencia, esta energía puede empezar a cambiar. Cuando estas energías ocultas o congeladas vuelven a fluir en el cuerpo-mente, se produce una sensación de liberación. Tanto el paciente como el terapeuta pueden experimentar este movimiento como una sensación repentina de expansión o iluminación, seguida de una sensación de asentamiento en una relación más profunda.

Tal como comentamos en el capítulo 3, a los proveedores de cuidados se les puede entrenar en este proceso de sintonización sutil. A medida que se desarrollan la conciencia y la destreza, el facilitador aprende a percibir —o a percibir-localizar— dónde está localizado el trauma en la edad o el nivel de desarrollo precisos en que se produjo originalmente. Por ejemplo, si el cliente experimentó por primera vez estrés tóxico a los tres años, el facilitador puede sentir y reconocer una sutil conciencia de ello. A partir de ahí, se convierte en un proceso mutuo de reflexión, digestión e integración.

Por estas razones, este trabajo debe realizarse con la máxima ética y solo después de que se haya establecido un contenedor relacional de confianza y compenetración. La práctica de la sintonización curativa es una expresión de amor.

Aquellos que están acostumbrados a preferir la "distancia clínica" o el "desapego clínico" como norma fundacional en la atención sanitaria moderna quizá sientan cierta incomodidad con la afirmación anterior. Permíteme compartir las palabras de un médico excepcional, el doctor Kypros Nicolaides, profesor de Medicina Fetal en el King's College de Londres y pionero en este campo:

> La medicina es una forma de vivir. No es una profesión, no es un trabajo de "nueve a cinco" o de "nueve a diez". Es una experiencia de vida continua. Para mí, esto es mi vida. El olivo, el edificio, el compartir, el intentar comprender cómo se siente un paciente, el formar *parte* de ese proceso, no como un "profesional distante" cuyo trabajo consiste simplemente en hacer un diagnóstico, ser amable con ellos y enviarlos a que se ocupen de sus propios problemas.
>
> Yo soy parte de su vida, al menos por el breve periodo que estoy con ellos. Siento cómo se sienten. Comparto su felicidad y su angustia cuando las cosas van mal.[4]

El amor y la profesionalidad pueden coexistir, y creo que deberían hacerlo, ya que ambos son necesarios para que se produzca una verdadera curación. Como profesional de la sanación, la única forma de trabajar de forma sostenible y eficaz es poner en práctica mi yo más maduro. Todo lo que no sea eso implicará una compensación inconsciente, una represión, una contratransferencia y una evitación de la cercanía, lo que en última instancia es tan estresante para los profesionales como para los clientes. Madurez significa que estoy dispuesto a sentir lo que experimento, sin necesidad de desarrollar una distancia artificial de mis clientes para evitar sentirme tocado por su dolor. Debo estar dispuesto a permanecer abierto y conectado a tierra, en un estado de relación fluida, que es la única forma de realizar un trabajo profundo, sostenible y amoroso. No es que los cuidadores altamente desarrollados nunca se sientan desafiados por un cliente; es que los cuidadores altamente desarrollados están dispuestos a permanecer en relación a través de y con esa experiencia desafiante. De hecho, no *hay* cliente difícil; solo hay incapacidad o falta de voluntad para mantener la relación. Para la mayoría de nosotros, esto requiere un verdadero trabajo interno.

El capítulo 3 se refería a la Práctica de las Tres Sincronizaciones para acceder a la sincronización interna/externa y yo/otro, y es útil volver a ella mientras tratamos de comprender la relacionalidad. Crear seguridad y un sentido refinado de sintonía permite al cliente darse cuenta de cuándo hay una sensación de separación —una sensación de que ya no estamos en conexión fluida, como si la "línea telefónica" se cortara—. Simplemente observando esa cualidad de separación con atención, a menudo puede disolverse y restablecerse una sensación de relación fluida. Recuerda que el cuerpo se comunica directamente con el cuerpo, las emociones resuenan con las emociones y la mente entiende a la mente. No necesitamos una traducción mental del contenido emocional.

La sintonización también puede utilizarse para potenciar y profundizar nuestras interacciones virtuales, como durante las llamadas de Zoom, cuando escribimos textos y correos electrónicos, y durante las sesiones de terapia virtual. Cuando se practica, la sintonización hace que el espacio virtual resulte más cálido y auténtico, y nos ayuda a crear una relación más precisa y, por lo tanto, un contenedor relacional de mayor apoyo. Este contenedor es la cuna del crecimiento postraumático y la base de la resiliencia y el florecimiento. En este espacio, la luz de la conciencia se restablece en el sistema, y la fuerza vital se ilumina y expande, produciendo nuevos estados de vitalidad, curiosidad y perspicacia. Inicialmente, establecer este entorno a través de una sintonización precisa es un proceso complejo y sofisticado, pero también es la expresión más sencilla y natural de una relación sana.

HEIDI WOHLHÜTER SOBRE ESCUCHAR LOS "LUGARES NO ESCUCHADOS"

Heidi Wohlhüter es terapeuta conductual y supervisora de terapeutas, equipos y psicólogos, a los que apoya en su trabajo con la sombra y en su profesionalización.

Lo que me ha enseñado mi trabajo es una forma de ver con toda mi capacidad de percibir, con todos mis sentidos, con todas mis percepciones y sensaciones corporales. Con este planteamiento, no solo escucho lo que mis clientes dicen con palabras, también escucho a través de la conexión de mi sistema nervioso. Y esto me permite sintonizar no solo con sus palabras, sino también con un lugar más profundo dentro de ellos. Es como si hubiera una especie de atmósfera de información y sentimiento que aflora a la superficie.

Por ejemplo, podría estar escuchando a un cliente de este modo y de repente experimentar un sabor químico en la boca. Cuando se lo mencione, puede que me cuente que, cuando era niño, su madre se sometía a fuertes tratamientos químicos contra el cáncer. Resulta que yo sé por mi propia vida cómo olía mi marido cuando se sometía a un tratamiento contra el cáncer, pero ¡imagínense lo que esto significaba para este cliente cuando era pequeño! No sabía que existía esta conexión hasta que le hablé del sabor químico que experimentaba. Simplemente lo nombré y entonces él hizo la asociación con el cáncer de su madre. Es una forma muy distinta de entrar en el mundo del cliente, de estar presente en sus experiencias.

Otro ejemplo es la forma en que este tipo de escucha y percepción me permite experimentar con mis clientes sus estados disociados. Para mí, este es un aspecto muy nuevo de la curación: aprender a estar presente con un cliente en el lugar donde sufre, donde está oscuro, donde originalmente estaba solo y no había nadie. Es una especie de milagro que ahora podamos volver allí juntos. Y cuando lo hacemos, a menudo algo cambia o se transforma; se experimenta algo nuevo.

Cuando un cliente me permite entrar con él en un tiempo o lugar en el que se sentía perdido en la oscuridad, y yo puedo describir lo que percibo y cómo me siento allí, de repente ya no está solo. Y entonces piensa: "Vaya, hay alguien que me ve. Hay alguien que me siente". Este momento crea una nueva referencia para la conexión. Y tal vez sea en ese punto donde comience la curación para ellos. No quiero hablar de generalidades, pero, en este ejemplo, ahí es donde empieza la curación.

En la formación psiquiátrica, el terapeuta aprende los síntomas, los "criterios", para saber cuándo un cliente se ha disociado y así poder decirle que vuelva al cuerpo. Pero este enfoque no siempre es útil. Puede ser más apropiado respetar y reconocer el acto de disociación, e incluso explorar cómo sintió que la disociación era la mejor opción. Al hacer esto, aparece un nuevo movimiento. Por supuesto, para la mayoría de los que trabajan en un entorno clínico y que ven a muchos clientes por semana, esto puede ser difícil de hacer: compartir sentimientos con nuestros clientes. Pero cuando podemos realizar este tipo de trabajo más profundo con ellos, a menudo se produce un efecto curativo.

Cuanto más espacio tengo disponible para la persona sentada delante de mí, más información y claridad recibo sobre ella. Ocurre algo muy sutil pero muy real: mi apertura y mi sintonía me permiten ayudar a hacer visible lo invisible. No es algo que *yo* haga; más bien es algo de lo que estoy al servicio. Y me siento profundamente privilegiada por hacer este trabajo con la gente.

INTEGRACIÓN DE LOS MULTISISTEMAS

El individuo y el colectivo, el átomo y el campo, son un todo interdependiente. Por muy aislado que se sienta alguien, nadie existe al margen o aparte de su familia, ancestros, comunidad o cultura. Encajar nuestros sistemas interdependientes en una "relación correcta" y fluida con los demás es tal vez la meta más elevada y vital del empeño curativo.

Nuestra voluntad de aceptar más plenamente la interrelación y la interdependencia humanas terminará cambiando nuestra forma de dedicarnos a la salud y a la curación en todos los ámbitos, incluidos la ciencia, la medicina y la psicoterapia. La inseparabilidad de las personas es la base de las tres amplias categorías o modalidades de curación que utilizo en mi trabajo —exploraremos dos de ellas más a fondo en los capítulos 9 y 10—. Son:

- El Proceso de Integración del Trauma Individual (ITIP)
- El Proceso de Integración del Trauma Ancestral (ATIP)
- El Proceso de Integración del Trauma Colectivo (CTIP)[5]

Es fundamental comprender que las tres modalidades son igualmente esenciales para que se produzca una curación verdadera y duradera. Ciertamente, los individuos pueden experimentar y experimentan muchos tipos de sanación personal en sus vidas, incluso cuando sus familias o sociedades no quieren o no pueden hacer lo mismo. Aun así, se pueden y se deben trabajar capas más profundas de sanación sistémica. Lo bueno es que, una vez que comenzamos el trabajo de sanación multisistémica a cualquier nivel —personal, ancestral o colectivo—, se produce una especie de cambio retrocausal: se ponen a nuestra disposición más luz, más claridad y más posibilidades en los campos vertical, horizontal, ancestral o social. Y cuando esto ocurre, podemos *sentirlo*.

En mi trabajo utilizo el término fluidez IAC para describir el nivel de "licuación" del trauma en las tres dimensiones o escalas: individual (I), ancestral (A) y colectiva (C). Decimos que el trauma congela, desconecta, estanca o ausenta un aspecto del yo y lo almacena en la sombra hasta que pueda procesarse de manera segura. Por lo tanto, la fluidez individual, ancestral o colectiva es el retorno de la sombra al flujo más amplio o al proceso de luz/vida.

Por supuesto, en la práctica, este trabajo también requiere competencia y una ética refinada. Debemos mostrar madurez, integridad y una sensibilidad equilibrada, y debemos ser conscientes de la curación de sistemas completos, empezando por nosotros mismos. Nosotros, y las profesiones relacionadas con la curación que representamos, debemos estar informados del trauma y dedicados a integrarlo.

Cada una de las tres modalidades primarias de curación (ITIP, ATIP y CTIP que se explican seguidamente) es:

- Relacional.
- Integradora.

- Basada en la presencia.
- Basada en la respuesta.
- Establecida a través de una sintonía sutil.
- Arraigada en la interdependencia humana.
- Generadora de capacidad.
- Fluida.
- Emergente.

Para curar las relaciones repetitivas, disociativas, distantes y ausentes, debemos esforzarnos por conseguir procesos emergentes, creativos, relacionales, cálidos y conectados.

El Proceso de Integración del Trauma Individual (ITIP, por sus siglas en inglés) examina el trauma biográfico de un individuo, desde las heridas no resueltas que tienen sus raíces en el apego temprano hasta la presencia de adversidades graves, puntuales o continuas. Para tener una visión más completa, el ITIP se ocupa del sistema familiar del cliente, así como de cualquier aspecto traumatizante de su condicionamiento social o cultural. Emprendemos el ITIP a través del contenedor relacional descrito anteriormente.

En las sabias palabras del doctor Gabor Maté en la película *The Wisdom of Trauma,* "Los niños no se traumatizan porque les hagan daño. Se traumatizan por estar solos en su dolor".[6] Como sanadores, proporcionamos una sensación sentida de seguridad a nuestros clientes sintiendo *con* ellos —pero no *como* ellos—. A través de una sintonía empática y fundamentada, podemos transmitirles parte de la resiliencia de nuestros sistemas nerviosos para ayudarles a regular los suyos. Donde antes había ausencia, aportamos presencia enraizada. Donde había aislamiento, ofrecemos un sentimiento de cercanía. El sistema nervioso del cliente debe recibir nuestra atención sin sentirse presionado o abandonado. Esto crea un canal abierto —una "mente extendida", si se quiere— de modo que, a medida que el cliente relata sus experiencias, podemos percibir con mayor claridad las arquitecturas del trauma que residen en su interior y ofrecer un apoyo más preciso. Se trata de un proceso tácito, pero profundamente armónico.

Si el cliente experimentó un *shock* cuando tenía dos años, por ejemplo, el terapeuta debe ofrecer un entorno energético similar al que el cliente *necesitaba* en esa etapa de su vida, que siempre consiste en conexiones más seguras, estables y enriquecedoras.

Recuerda, el trauma es la parte desorganizada dentro de un organismo o sistema, que a continuación transfiere esa desorganización —o incoherencia— a su entorno. Si en el terapeuta hay un trauma no superado, su propia fragmentación impedirá una sintonización precisa, que puede percibirse como una sensación de presión sobre el proceso. Por esta razón es de vital importancia para cualquier profesional de la sanación entrar en contacto con su propia desorganización —trauma— antes de que pueda alterar el proceso terapéutico. Como facilitadores de la sanación, debemos comprometernos con un trabajo continuo de sanación para nosotros mismos, que incluya prácticas contemplativas regulares, como la Práctica de las Tres Sincronías —sintonizar con el cuerpo y darse cuenta de las zonas que están abiertas o tensas, energizadas o entumecidas, estresadas o resonantes—.

Después de todo, relacionarse es un proceso por el que *yo surjo en ti, tal como tú surges en mí.* Si no trabajo para integrar lo que está desorganizado en mí, puedo proyectarlo inconscientemente en ti. Y debido a la naturaleza de la relación cliente/terapeuta, es más probable que el cliente asimile mis proyecciones inconscientes en forma de introyecciones dañinas —por ejemplo, la interiorización inconsciente de la voz o las ideas del otro, especialmente cuando se le percibe como una autoridad o una figura autorizada—. Para involucrarnos en el trabajo de curación, debemos sanar, no dañar.

La buena nueva es que, a medida que nos curamos a nosotros mismos, hacemos que la curación sea más posible para los demás. Para entrar en contacto con lo que necesita curación, podemos conectarnos a través del cuerpo, que es una historia escultórica de nuestras vidas. Para entrar en contacto con el interior, se puede conectar a través del exterior, y viceversa. La mente y el cuerpo están diseñados para irradiar luz encarnada. Todos estamos destinados a sentir nuestra propia fuerza de vida, a ver con ojos iluminados, a conocernos a nosotros mismos como personas vitales y con propósito.

El Proceso de Integración del Trauma Ancestral (ATIP) se ocupa de las heridas no integradas en la familia de una persona, incluidos sus antepasados. Un uso eficaz del ATIP enseña a los profesionales a percibir y discernir la presencia de miembros de la familia y/o antepasados cuyos traumas no resueltos se han transmitido al cliente, que aún los arrastra en la actualidad. Además, la ATIP trata de comprender la historia epigenética, así como los hábitos emocionales y ambientales que conforman la mente y el cuerpo del cliente, y que pueden reflejarse en los retos sistémicos que afronta.

Nota: hay una diferencia vital entre *imaginar* a los antepasados de un cliente y *percibir* fundamentalmente la información que estos expresan. Puede que tengas algún conocimiento intelectual o incluso una versión imaginada de tus antepasados, pero lo que realmente necesitas solo se puede encontrar con una sintonización intencional, simplemente notando lo que surge en el cuerpo, la mente o las emociones cuando piensas en los antepasados y sintonizas con ellos. Por ejemplo, cuando sintonizas con tu bisabuela, ¿qué notas en tu cuerpo o en tus emociones?

¿Qué imágenes internas o pensamientos experimentas? Una vez que sintonizas con el primer sentimiento, sensación o imagen que surge, se te da acceso a otra información profundamente almacenada. Incluso si la única sensación que percibes es entumecimiento o ausencia, esa es precisamente la información con la que necesitas trabajar. La curación multigeneracional consiste en restaurar la narrativa ancestral: física, emocional, mental y espiritualmente.

Cada uno de nosotros representa millones de años de inteligencia evolutiva. Como las muñecas rusas, no somos solo los cuerpos y las personalidades que otras personas perciben en la superficie; cada uno de nosotros es una amalgama exquisita de todo lo que vino antes y de mucho de lo que es nuevo y particular o único con respecto a nosotros.

Cada uno de nosotros representa millones
de años de inteligencia evolutiva.

De una forma muy real, tú *eres* tus antepasados. Sin embargo, en el momento de escribir estas líneas, la idea de que podemos practicar la curación ancestral sigue estando muy al margen de lo que se considera posible. Ahora bien, creo que muy pronto mucha gente aceptará el concepto de curación ancestral como algo evidente. Incluso ahora, la psicología contemporánea está empezando a tomarse más en serio la validez de técnicas terapéuticas como la Terapia de Constelaciones Familiares o la Terapia de Constelaciones Sistémicas. Su fundador, Bert Hellinger, se vio influido en parte por el trabajo de Ivan Boszormenyi-Nagy, el psiquiatra húngaro-estadounidense que ayudó a fundar el campo de la terapia familiar. Boszormenyi-Nagy adoptó un enfoque global para tratar de comprender las múltiples dimensiones de la experiencia y el desarrollo que intervienen en la vida humana: un espectro que incluye las influencias individuales, interpersonales, existenciales, sistémicas e intergeneracionales que informan e influyen en quiénes somos y en cómo nos mostramos.

Con esta visión compleja y multidimensional de los sistemas familiares, Boszormenyi-Nagy propuso cuatro dominios de la "realidad relacional" que influyen en nosotros. Estos cuatro ámbitos son:

1. Hechos (por ejemplo, la salud corporal, las influencias genéticas, los antecedentes sociales, el estatus socioeconómico y los detalles biográficos).
2. Psicología individual.
3. Transacciones sistémicas (por ejemplo, normas sociales, poder, alineamientos, retroalimentación, etc.).
4. Ética relacional.[7]

La terapia familiar y sistémica tiene algo más en común con el enfoque que describo: el reconocimiento de que la adversidad grave sigue afectando a los supervivientes y a sus descendientes, a veces mucho después del trauma inicial o de que los supervivientes originales hayan fallecido.

He aquí el milagro: cuando te comprometes con la sanación ancestral, sabes que ha sido eficaz cuando empiezas a ver resultados prácticos y tangibles en tu vida. Puede que empieces a notar cambios interesantes en las personas de tu entorno. Un padre que ha estado luchando con el envejecimiento y la independencia puede llegar a estar más en paz con este rito de tránsito esencial. Un hermano que antes estaba distanciado puede retomar el contacto. Un hijo o un nieto pueden empezar a dar saltos radicales en su desarrollo emocional y psicológico. Y tú también sentirás cambios similares.

Al restaurar los fragmentos del pasado, aportamos renovación a nuestras vidas en este momento, hoy, ahora.

He visto cómo muchos sistemas familiares cambiaban gracias al trabajo con traumas individuales y ancestrales. Miembros de la familia que estaban alejados de repente vuelven a conectar y las relaciones empiezan a sanarse, y estos familiares muestran el deseo de realizar un verdadero trabajo interno. Cuando llevamos la luz a lugares de estancamiento sistémico y ausencia creados por el trauma, un nuevo orden de energía fresca empieza a movilizarse, y ese nuevo movimiento da lugar a un cambio curativo que a menudo es muy sorprendente.

Como puedes ver, la curación ancestral no es algo que hagamos por los muertos, *per se;* es el acto consciente de devolver a los vivos un verdadero derecho de nacimiento. Al restaurar los fragmentos del pasado, aportamos renovación a nuestras vidas en este momento, hoy, ahora. Esto es lo que hace que nuestros descendientes accedan a un mundo mejor: un mundo con más esperanza, más luz, más posibilidades.

Utilizando la apertura del sistema nervioso energético sutil, podemos sintonizar con el cliente y sentir-localizar a sus antepasados en nuestros propios cuerpos y sistemas nerviosos —véase el capítulo 10—. A partir de aquí, empezamos a notar cualquier punto de trauma que hayamos heredado. Una vez más, este proceso no requiere que el cliente comparta su relato familiar. De hecho, a menos que el cliente lo prefiera, no es importante hablar del pasado. Se trata simplemente de un proceso de sintonización y de percepción mutua de lo que está presente o ausente.

En este modelo, el objetivo del terapeuta es simplemente percibir y acceder al punto de trauma del cliente y, a continuación, ayudarle a ponerse en contacto con la información almacenada en su propio sistema —más información sobre este tema, en el capítulo 9—. Ayudamos a revivir los aspectos congelados y disociados que se escindieron en el lugar y el momento del trauma —ya le ocurriera a él o a sus antepasados— y, a partir de ahí, ayudamos a que se integren estas partes fragmentadas.

Los traumas ancestrales de todo tipo pueden generar heridas de apego para las generaciones futuras. Es vital que todo facilitador de la sanación ancestral comience por integrar sus propias heridas familiares. Para contener y albergar el dolor ancestral de otra persona, debemos aprender a sostener —reflexionar, digerir e integrar— el nuestro.

Cuando nos entrenamos para sintonizar con el campo vertical o ancestral, podemos aprender a sentir-localizar información sobre los padres del cliente y otras generaciones. De hecho, con presencia, resonancia y una actitud mental abierta, podemos descubrir muchas cosas de la línea ancestral. Sin embargo, independientemente de lo que encontremos en el proceso, para desbloquear y restaurar estos fragmentos no basta con "mirar" o describir la información. Debemos ser testigos de lo que necesita ser restaurado, *sentir* lo que está presente y permitir que se mueva a través de nosotros. En el capítulo 9, comentamos con más detalle la curación ancestral.

El Proceso de Integración de Traumas Colectivos (CTIP) reúne a comunidades o grupos de personas con el fin de detectar e integrar sus heridas culturales e históricas ocultas. Los traumas colectivos pueden incluir heridas dejadas por la violencia, las privaciones, la esclavitud, la guerra, la ocupación/colonialización, el genocidio y cualquier otro trauma causado por el ser humano. El uso del CTIP nos permite ser testigos de las profundas cicatrices que siguen dando forma a nuestras sociedades, a menudo sin que nos demos cuenta de ello. El CTIP se trata con más detalle en el capítulo 10, y en mi libro de 2020 *Sanar el trauma colectivo**.

Todos somos conscientes de comunidades que están rodeadas por una matriz de traumas pesados o un paisaje de sombras. En estos lugares, es común observar familias rotas y escuelas disfuncionales, así como iglesias, hospitales y otras estructuras sociales fracturadas. Puede ser visible una economía sumergida, un aumento de la delincuencia y la desesperación económica. Es como si el trauma fuera el arquitecto secreto de la comunidad misma.

Si se visita una región o un barrio así, es posible que se perciba una sensación de pesadez en el ambiente. En algún momento, el trauma comunitario provocó el "oscurecimiento" del paisaje, de modo que la depresión, la adicción, la discordia y el sufrimiento humano siguen presentes bajo la superficie, o a la vista de todos. No tienes que ser sociólogo, y ni siquiera místico, para detectar su presencia; simplemente puedes sentirlo. Nadie argumentará que la oscuridad o la pesadez no están allí.

Hay muchas cosas que podemos hacer para ayudar a sanar el sufrimiento en nuestras comunidades, pero empezar a liberarnos de la carga del trauma sistémico requiere un enfoque multisistémico. Al fin y al cabo, el dolor de la comunidad es también, por naturaleza, el dolor de las familias y de las personas.

El grado de traumatismo pasado que arrastran nuestras sociedades actuales parece tener un impacto directo en todo el mundo natural. El colapso del ecosistema es la manifestación culminante del sufrimiento cultural no atendido y de la desvinculación o separación que promueve. Los científicos reconocen

---

* *Sanar el trauma colectivo*, Thomas Hübl, Gaia Ediciones, Madrid, 2020.

que el trauma puede detener el desarrollo humano, y está claro que el trauma colectivo puede obstruir el desarrollo de la sociedad. Lo que no se entiende es de qué forma los traumas sistémicos repetidos y no resueltos catalizan la caída de las civilizaciones.

De una forma muy real, al elegir procesar juntos las heridas del pasado a través de una sintonización sutil con los campos individuales, ancestrales y colectivos, podemos descubrir no solo cómo prevenir o incluso revertir el colapso inminente, sino cómo activar la creación de una actualización para todo el sistema, una Tierra completamente nueva.

TRABAJO ORIENTADO A LOS PROCESOS

En la década de 1970, el analista junguiano y autor Arnold Mindell fundó la psicología orientada a procesos, o Process Work —trabajo orientado a procesos—. El desarrollo de este trabajo se vio influido por la formación de Mindell en física aplicada en el MIT —Instituto Tecnológico de Massachussets— y en el ETH Zürich, así como por sus estudios de taoísmo y chamanismo. Él reconoció que la mente inconsciente se revela tanto simbólica como fenomenológicamente; el inconsciente se expresa físicamente en nuestros cuerpos, materialmente en nuestras relaciones y visualmente en nuestros sueños.

Mindell utilizó el término *proceso* para referirse a los "cambios de percepción, a la variación de las señales experimentadas por un observador".[8] El trabajo de procesos involucra técnicas de observación, teóricas y prácticas que tienen tanta aplicación para los individuos como para los grupos a gran escala. "Los diversos aspectos de la vida personal —escribe Mindell—, a los que la psicología se ha referido hasta ahora como sueños, vida corporal, conflictos relacionales y enfermedad, pueden reevaluarse en términos de los canales orientados hacia los sentidos, como la propiocepción, la cinestesia, las visualizaciones, las audiciones y las composiciones de estos canales". La esencia del trabajo de procesos es determinar el patrón que está *detrás* del proceso. Un trabajador de procesos "escucha los verbos que utiliza la gente, observa sus movimientos corporales, se da cuenta de sus propias reacciones, descubre las que tiende a descuidar...". Al igual que el taoísmo, el trabajo de procesos consiste en darse cuenta del proceso mismo y observar el flujo del río.

La capacidad de ser testigo de nuestro propio proceso es una habilidad que requiere práctica, especialmente para observar los mecanismos de defensa de la psique contra el proceso. Nuestras motivaciones y comportamientos automáticos e inconscientes están, por naturaleza, ocultos para nosotros, por lo que es deber de cualquier trabajador de procesos serio iluminar la oscuridad. El objetivo es hacer siempre un aliado del mecanismo de defensa, en lugar de estar en connivencia inconsciente con él.

Como terapeutas, sanadores o facilitadores, nuestro trabajo consiste en acostumbrarnos a estar presentes a nuestro propio proceso, así como al de los demás y, de hecho, presenciarse a uno mismo y al otro —o a uno mismo en el otro/al otro en uno mismo— a la vez. Esta práctica de presencia mutua sustenta mi trabajo con individuos y grupos, y es clave para la curación integrativa.

Vamos a considerar el aspecto que podría tener este proceso. Mientras trabajas con un cliente, puedes hacer una especie de radiografía interna de su cuerpo, de modo que, cuando hable de su miedo, puedas darte cuenta de cómo se muestra ese miedo en su interior. Por ejemplo, puedes observar que el cliente controla su miedo sacando la energía de las piernas y centralizándola en la parte inferior del abdomen. El refinamiento de la percepción y la sintonización permiten hacer estas observaciones, que se comunican como reflexiones y no como diagnósticos ni verdades absolutas.

Cuando le pides que perciba las sensaciones de su cuerpo, el cliente puede llegar a decir: "Siento como si tuviera una piedra en el vientre". Y tú puedes sentir esta sensación como de piedra junto con él, recibiendo información de él para verificar tus observaciones.

—¿Crees que has estado utilizando esa piedra desde la infancia como una forma de controlar tu miedo? —puedes preguntarle.

Solo puedes hacer esto con tu cliente —sentir la piedra de su miedo en el abdomen y percibir durante cuánto tiempo ha sido un hábito— si estás establecido con conciencia en tu propio cuerpo, notando la sensación en tus propias piernas, en tu propio vientre. Cuando tu cliente y tú estáis sentados *en relación*, estáis completamente en sintonía, y tu cuerpo se convierte en una guía de referencia para su proceso.

Ahora bien, si estoy sentado frente a ti pero no *contigo*, no podré sentir tu proceso. Tal vez solo esté a metro y medio de distancia física de ti, pero nos sentiremos más distanciados. En este caso, para saber algo de lo que te está ocurriendo, tendré que confiar en lo que me cuentes; no lo sentiré contigo.

Supongamos que estoy con una clienta que se ha cerrado a su miedo o lo ha ausentado. Puedo preguntarle amablemente si es posible que me diga lo que siente, a lo que ella puede responder:

—No siento nada.

Está entumecida.

—Ahh, bien —le digo—, quedémonos con la posibilidad de que no sentir es mejor que sentir.

La idea no es *cambiar* el proceso, sino estar con él. No sentir nada, incluido nuestro miedo abrumador, a veces es la respuesta más inteligente.

Simplemente tomando conciencia de la ausencia que siente, la paciente empezará a sincronizarse con el entumecimiento y, a medida que esto ocurra, el entumecimiento *empezará a cambiar*. El simple hecho de ser testigo de su insensibilidad ante el miedo puede incluso catalizar una profunda liberación de tristeza. Esta es una parte natural y hermosa del proceso de cambio, porque ahora puede sentir el miedo que antes había estado oculto.

A partir de aquí, yo podría preguntarle:

—Cuando te dejas sentir este miedo, ¿qué pasa con nuestra conexión?

Como era de esperar, cuando siente el miedo, es menos capaz de sentirse conectada. El miedo cierra la conexión, de modo que da la impresión de que hay una gran distancia entre nosotros, una mayor separación.

—Ahora, mira a ver si puedes sentir el miedo y la distancia —le digo—. Quedémonos aquí con esto.

Hacer esto ilumina de conciencia el sentimiento de separación.

—Ahora vamos a sentirlo juntos, el miedo y la distancia —le digo—. Vamos a estar aquí con esto.

El proceso de "insensibilización" puede haberse quedado atascado en un bucle temporal, posiblemente repetido durante décadas. Pero, en un momento de conciencia encarnada, surge una nueva sensación de seguridad que nos permite abandonar el hábito de la insensibilidad. En su lugar, el sistema nervioso puede tocar más plenamente el momento presente.

Una vez más, no estamos intentando cambiar nada para el cliente; simplemente le guiamos para que se dé cuenta de sus defensas y las honre con una presencia y una atención compartidas. No hay patologización en esta danza; no hay nada que una persona "deba" o "no deba" sentir. Lo único que hay es lo que surge; solo existe el río.

En su impresionante libro *Poet Warrior* —*Poetisa Guerrera*—, Joy Harjo, poetisa laureada de Estados Unidos, música, dramaturga y autora, escribe:

> Todos estamos aquí para servirnos los unos a los otros. En algún momento tenemos que entender que no necesitamos cargar con una historia que es insoportable. Podemos observar la historia, lo cual es algo mental; sentir la historia, lo cual es físico; dejar ir la historia, lo cual es emocional; y luego perdonar la historia, lo cual es espiritual, y después usar esos materiales para construir una casa de conocimiento.[9]

Todo lo que aprendemos sobre el proceso de la vida presenciándolo y sintiéndolo juntos se convierte en viga, piedra y mortero: las herramientas que necesitamos para crear una casa de sabiduría humana compartida.

FACILITACIÓN ENCARNADA

Es un hecho extraño, pero cierto, que las estrategias que utilizamos para adaptarnos a nuestros traumas y sobrevivir a ellos son las mismas que, cuando se prolongan y habitúan, nos impiden florecer. Con el tiempo, estas mismas defensas nobles, los mecanismos automáticos e inconscientes empleados por nuestro sistema nervioso evolutivo, pueden llegar a provocar nuestra destrucción. Por eso es esencial que tomemos conciencia de nuestros mecanismos de defensa, que los reconozcamos y nos hagamos amigos de ellos. Después de todo, las estrategias de supervivencia que elegimos tienen mucho que enseñarnos.

Este trabajo es tan necesario para los terapeutas y facilitadores de la curación como para quienes buscan orientación en el camino hacia ella. En las supervisiones que realizo a los terapeutas que trabajan conmigo, siempre estamos atentos a los mecanismos de defensa nuevos o antiguos. Estamos atentos a lo que ocurre en nuestro interior en respuesta a los procesos de nuestros clientes, y pasamos tiempo compartiendo y trabajando juntos estas reacciones.

Una estrategia defensiva común, que podemos notar en nosotros y en nuestros clientes, es la de ir demasiado a la mente. Se trata de una defensa de arriba hacia abajo que da prioridad a la cognición sobre la sensación. Haríamos bien en recordar que cognición no siempre equivale a comprensión; el mero hecho de que pensemos algo no significa que sea cierto, correcto o total.

Cuando la mente interviene demasiado, es más probable que me identifique con mis ideas e imágenes mentales, aunque estén desalineadas con las sensaciones y percepciones de mi cuerpo. Pensar en ti no es lo mismo que sentirte; al dar prioridad a mis pensamientos sobre ti, pierdo la conexión contigo. Y dondequiera que se rompe la relación, se pierde una gran cantidad de sabiduría.

Detrás de la defensa de la mentalización excesiva, es como si estuviera viendo un vídeo pregrabado de ti. Todos los datos que puedo experimentar sobre ti se limitan a la versión guionizada e inmutable de ti que creo en mi mente. Sin embargo, si estamos en una relación fluida, te experimentaré como una especie de retransmisión en directo. Todo el espectro de conciencia de mi cuerpo está disponible para conocerte y experimentarte, no solo la mente. Esta retransmisión relacional viviente es más interactiva; puede aparecer información nueva y emergente.

Como terapeutas y facilitadores de la curación, nuestra responsabilidad consiste en permanecer en la modalidad de retransmisión en directo. Y es nuestro deber darnos cuenta y corregir el rumbo cuando colapsa la función relacional entre nosotros y nuestros clientes. Una vez más, estar en proceso consiste en honrar lo que es real y está presente en el momento. Debemos ser muy conscientes de que todos los mecanismos de defensa son una función inteligente del sistema nervioso y que las defensas particulares de un cliente se han desarrollado porque las necesitó en momentos difíciles. El objetivo no es deshacerse de la defensa —intentarlo sería un error—, sino simplemente tomar conciencia de ella. Por ejemplo, si se pregunta a un cliente cómo se siente con respecto a algo y responde que no siente nada, la intervención integradora nunca consiste en conseguir que sienta, sino en hacer consciente el proceso de entumecimiento o ausencia de sensaciones. Una vez que el cliente es consciente de que el entumecimiento es una defensa, su sistema nervioso puede abrirse y expandirse, y puede elegir sentir cuando las circunstancias sean adecuadas.

Al hacer de la defensa un aliado, podemos colaborar más creativamente en el proceso de sanación. Sin embargo, si el mecanismo de defensa de mi cliente desencadena algo en mí o me agota, tengo que reconocer que mis propias heridas y sombras internas se han activado, de tal manera que ya no tengo espacio para ofrecer al cliente un apoyo sanador.

La clave del trabajo de proceso integrador es mantenernos presentes a nuestras propias reacciones mientras nos esforzamos por estar con los clientes o grupos con los que trabajamos. Cuando un cliente comparte con nosotros, ¿cuándo y dónde dejamos de estar en relación? Si no nos mantenemos en el flujo y no observamos nuestras propias defensas internas, permanecemos inconscientes y se realiza muy poco trabajo de sanación. Cuanto más inconscientes somos, más baja es la vibración y más niebla nubla el espacio intersubjetivo. A menudo aceptamos esta niebla y la sensación de distancia que genera como algo normal; sin embargo, es cualquier cosa menos eso. Si por *normal* entendemos "sano", podemos estar de acuerdo en que es mucho más sano despejar la niebla y percibir, ver y sentir al otro con mayor precisión. Este es el conjunto de habilidades del terapeuta encarnado.

No se suele hablar mucho de otra estrategia de defensa común que vemos en el intercambio relacional. Ocurre cuando respondemos a los sentimientos de agobio aplanando o reduciendo nuestra conciencia de la otra persona a una imagen o impresión bidimensional. Esta regresión de la conciencia de lo tridimensional a lo bidimensional no solo se produce en nuestros pensamientos sobre la otra persona. Coincide con nuestra propia sensación de no estar encarnados.

Al colapsar mi conciencia de ti, alguna parte de mi propio cuerpo debe estar ausente de mi conciencia. Al desconectar las percepciones sensoriales del cuerpo, reduzco mi experiencia de ti a una representación en dos dimensiones. En esencia, te conviertes en un póster, no en una persona. Lo hago para evitar el dolor o el agobio. Ya no puedo sentirte dentro de mí; me siento separado de ti y solo miro el póster que he hecho de ti. Si no puedo sentirte dentro de mí, es posible que te haga daño. —Mientras pueda sentirte dentro de mí y a mí mismo dentro de ti, nunca podré hacerte daño; sería como hacerme daño a mí mismo—. Como todos sabemos, son las personas que sienten daño las que hacen daño.

Un póster no es más que una imagen mental y no está conectado a través del cuerpo con la naturaleza. En el colapso de la conciencia tridimensional a dos dimensiones, ya no podemos sentir nuestra proximidad a las leyes naturales o al principio organizador que está detrás de todas las cosas. En 3D, nos identificamos con el cuerpo. Podemos pensar que los colapsos en 2D son energías aplanadas y desencarnadas que se quedan en el inconsciente, como atascos que bloquean el flujo del río de la vida. Para que retorne el flujo, las energías colapsadas deben reencarnarse e integrarse. Los traumas dejan tras de sí estos facsímiles o fantasmas en dos dimensiones, que anhelan ser integrados.

MARKUS HIRZIG, SOBRE LA SINTONÍA CON EL CAMPO SUTIL EN EL TRABAJO CON CLIENTES

Markus Hirzig, fisioterapeuta de formación, es miembro del equipo de asistentes de la Academia de Ciencias Internas y trabaja con Thomas Hübl desde 2002.

Cuando un cliente viene a verme, le escucho a medida que habla de sus síntomas. Y mientras habla, de manera natural sus palabras empiezan a destacar una estructura desde su trasfondo energético. Mientras habla, esta estructura —la sustancia de su cuerpo físico y su cuerpo energético— "se ilumina".

Cuando noto que esto ocurre, mantengo suavemente esa conexión, porque muchos de nosotros nunca hemos experimentado esa conexión a muchos niveles. Más bien, estamos acostumbrados a que el cliente se nos acerque de forma física pero, digamos, de una forma física relativamente *vacía*. Así que, cuando alguien se siente "tocado" física o energéticamente a través de una simple conexión, hay una diferencia clara cuando la conexión viene de alguien que está encarnado. La conexión se siente plena.

Sin embargo, cuando una persona está más desconectada de la experiencia física —tal vez desde un enfoque más mental—, la conexión se siente vacía. Y eso cambia la atmósfera del espacio en el que estamos hablando, el espacio intersubjetivo.

La primera cualidad que se necesita para este trabajo es simplemente estar interesado y sentir una profunda curiosidad por el enfoque integrador. Desde la perspectiva del realismo o el positivismo, las experiencias sutiles que describimos aquí se consideran un sinsentido. Por tanto, debe haber interés y apertura. Para "tocar" a la gente y ser tocados a través de este campo sutil de percepción, debemos estar dispuestos a establecer nuestra conexión en esta frecuencia, digamos, donde cada sentido fisiológico o material —ver, sentir, oír— también tiene un componente energético sutil. Debe haber un interés en entrenar estas capacidades sensoriales internas, intersubjetivas.

Hacerlo cambia el ambiente en el que estamos sentados, de modo que se siente más rico y pleno. El espacio entre nosotros [o el espacio compartido *dentro* de nosotros] puede empezar a sentirse tan lleno que nos conecte. Ya no hay un sentimiento de separación, sino de relación, de unión. Cuando sintonizamos más profundamente, vemos que el espacio intersubjetivo entre nosotros rebosa de información y conexión... Hay una sensación de intercambio compartido, una conexión sutil que transmite mucha información...

Por ejemplo, a veces, cuando estás trabajando con un cliente, tienes la sensación de que otra persona ha entrado en la habitación. La presencia de esta otra persona puede ser solo una especie de conocimiento, como, "Oh, esta es la madre". O "este es el padre".

Cuando esto ocurre, simplemente le pregunto al cliente: "Cuando menciono a tu padre, ¿qué te ocurre?".

Ahora bien, cuando digo esto, no estoy preguntando necesariamente por la persona real que es el padre del cliente, sino más bien por su relación, especialmente por las partes de su conexión que aún no están integradas. Puedo pedir al cliente que comparta lo que realmente funcionó bien entre ellos y también lo que no funcionó. No importa si el padre del cliente está vivo o muerto. En cualquier caso, los aspectos no resueltos de su relación siguen existiendo en el cliente, y eso es con lo que trabajamos juntos. He observado una y otra vez que, cuando podemos conectar con estas otras personas u otras presencias, el proceso de curación del cliente avanza más rápido y tiende a ser mucho más profundo.

Incluso si el terapeuta o el facilitador no conecta con estas otras energías [o presencias ancestrales], puede ser útil simplemente mantener las cualidades de la conexión en el momento: mantener juntos, en la conciencia, al cliente y la relación con su madre. Observa lo que fluye y lo que no fluye; lo que está abierto y lo que no.

Esto suena un poco esotérico, o quizá mucho. Y es posible que lo sea, *pero funciona*.

TRABAJO DE PROCESO Y METODOLOGÍAS DE FLUIDEZ IAC

Los métodos o técnicas se refieren a las prácticas y habilidades que utilizamos en cualquier enfoque para cuidar de la vida humana. Adquirir conocimientos y maestría en modalidades de curación demostrablemente competentes es, por supuesto, de vital importancia y debería ser el planteamiento ético habitual. Sin embargo, la idea de "métodos" puede solidificar involuntariamente un proceso viviente en una forma estática. Confiar en un método sólido puede llevarnos a creer que ya sabemos *cómo* curar y limitar lo que podemos aprender a través de un enfoque más fluido.

Desarrollar la fluidez IAC —fluidez Individual Ancestral Colectiva— es como aprender a tocar jazz; sucede a medida que lo hacemos. Trabajamos en y con el proceso de curación que se va desplegando, en lugar de obsesionarnos con la aplicación de métodos o técnicas exactas para que algo funcione. Cuando aparecen técnicas o ejercicios beneficiosos que forman parte del despliegue —es decir, como producto de la curación emergente y de la relación consciente—, podemos confiar en que esos ejercicios son lo que hay que hacer en ese momento.

Facilitar el trabajo del trauma exige un elevado nivel de habilidad, de madurez psicológica y ética, y de conciencia transpersonal. Los facilitadores exitosos también poseerán un profundo conocimiento y formación sobre el trauma, pero más importante que la experiencia cognitiva es el grado de apertura y fluidez del facilitador. El trabajo de integración del trauma, ya sea con individuos, con una comunidad de antepasados o con grandes grupos de personas no relacionadas entre sí, es una lección sobre cómo *permanecer en el flujo de la relación* a través de la conciencia mutua, la presencia y la encarnación.

Cuando el mundo interno y el externo están integrados y sincronizados, el facilitador lee directamente el libro de la vida. Se trata de un proceso de relación fluida, momento a momento, y toda la información que el facilitador necesita para prestar apoyo está disponible en esa conexión fluida. Cuando un facilitador no está sincronizado y, por lo tanto, está en separación en lugar de en relación fluida, no es capaz de percibir con precisión, o no es capaz de confiar en lo que recibe.

Como facilitadores, solo somos capaces de percibir con precisión el proceso del cliente o del grupo en la medida en que estemos presentes y abiertos al nuestro. La propia presencia es el portal a través del cual se puede descargar un orden superior de energía e información. Cuanto más profunda y hábil sea la presencia de uno, más eficaz será el portal y más profundo será el potencial de sanación.

Podríamos decir que un buen facilitador es alguien que está totalmente "alineado". Independientemente de lo que surja a través del trabajo relacional, el facilitador puede permanecer en sintonía, presente y despierto a su propio proceso interior y al del cliente. Así, demuestra coherencia interna y externa, ofrece capacidades de corregulación y puede escuchar profundamente y transmitir con atención la información vital, aunque exquisitamente sutil, que surge en el campo relacional.

En sus impresionantes memorias, Joy Harjo, poetisa laureada y autora estadounidense, escribe sobre la sabiduría que puede adquirirse y debe cultivarse: "Mi bisabuelo me recuerda que debemos mantenernos dentro de la mente de largas raíces", escribe. Debido a estas raíces más largas, tenemos una estructura de conocimiento más grande para "construir nuestra casa del conocimiento", de modo que podamos seguir creciendo y evolucionando juntos, con nuestro planeta y en la gran comunidad cósmica de mundos.

Incluso en nuestra sombra más oscura hay luz potencial esperando su realización y ofrecer nuevas soluciones, nuevas posibilidades y un nuevo crecimiento. Esa luz necesita una persona viva con un cuerpo y su *chi* para llegar al mundo. Por muy sombríos o fragmentados que estemos, un mundo próspero e integrado está esperando para devenir.

9

SANACIÓN ANCESTRAL

Todos somos fantasmas. Todos llevamos, dentro de nosotros, a personas que vinieron antes que nosotros.

—LIAM CALLANAN

Saludo a la luz de tus ojos, donde habita la totalidad del universo. Porque cuando estás en ese centro dentro de ti y yo estoy en ese lugar dentro de mí, somos uno.

—CABALLO LOCO, OGLALA SIOUX LAKOTA (1877)

En el Occidente contemporáneo hemos desarrollado, en general, culturas que ya no ofrecen ni reverencia ni recuerdo a los antepasados. Aunque hay grupos religiosos, como la Iglesia Católica Romana y la Iglesia Ortodoxa Oriental, que siguen observando los ritos de veneración a los muertos —en particular, a las personas consideradas santas, que se cree que sirven de intercesores entre los fieles vivos y Dios—, los números y las prácticas han disminuido notablemente en comparación con otras culturas y épocas. Sin embargo, reconozcamos o no nuestros linajes familiares o de otro tipo, honrar a los antepasados cumple una importante función unificadora y reparadora para la comunidad.

Si no fuera por las profundas raíces de nuestros respectivos árboles genealógicos, sus ramas nunca habrían fructificado ni florecido, y no habrían dado lugar a ti o a mí. Seamos quienes seamos, las raíces de esos árboles nos unen, remontándose más allá de lo que la imaginación puede alcanzar hasta nuestros antepasados comunes en el tiempo. Esas raíces se remontan a la aparición de la humanidad e incluso más allá: a la llegada de las primeras formas de vida de la Tierra, y aún más lejos, al nacimiento y la muerte de las estrellas. Tal vez sea acertado considerar las raíces de la humanidad como cables de datos vivos que canalizan la luz, la energía y la información de la vida. Este camino vibrante y antiguo trasciende el tiempo y es un recurso vital para los vivos. A través de nuestros antepasados, nos enraizamos en el planeta y como el planeta.

Cuando una persona se siente especialmente desconectada de su familia de antepasados, está cortada de un recurso energético esencial, como si de repente estuviera desenchufada. Esto tiene efectos reales. En un extremo del continuo, la persona puede sufrir una falta general de energía, motivación o propósito en su vida. En el otro extremo, puede experimentar un estrés exacerbado, una tendencia al exceso de trabajo, un apetito urgente de logros o un deseo apremiante de estatus y otras formas de validación y reconocimiento externos. A menudo, la falta de recursos ancestrales se traduce en un sentimiento de desarraigo, de desencarnación o de inestabilidad de la identidad personal, cultural o social. La herida común a todos estos síntomas es la ausencia crítica de pertenencia: la falta de un sentido de hogar, de lugar y de comunidad.

Sin embargo, las antiguas tradiciones de sabiduría del mundo, incluidas sus numerosas y ricas culturas indígenas, comprendían la importancia de los antepasados humanos. Uno no llega a existir sin ellos y no puede seguir existiendo bien sin conexión con ellos. En gran medida, esta verdad vital se ha perdido en las sociedades contemporáneas, a pesar de nuestros numerosos avances tecnológicos en la investigación genealógica y en las pruebas genéticas.

En las sabias palabras del poeta senegalés Birago Diop, "Los muertos no están muertos".[1] Tanto si nos sentimos unidos a nuestros antepasados como si nos sentimos tristemente separados de ellos, los antepasados siguen viviendo dentro de nosotros: en nuestros cuerpos, cerebros, hábitos, preferencias, reacciones y otros patrones de sentimiento, pensamiento y comportamiento. De hecho, nuestro sistema nervioso biológico está enraizado y conectado al sistema nervioso colectivo mayor, que no está ligado al tiempo lineal ni a un lugar determinado. Nuestros antepasados no existían ni existen "en otro lugar", separados de nosotros por continentes o calendarios. No están *detrás* de nosotros sino dentro de nosotros.

En *Ancestral Medicine* —*Medicina ancestral*—, el doctor Daniel Foor observa:

> Como las muñecas rusas, nuestra experiencia de los antepasados familiares recientes descansa dentro de patrones más amplios de linaje, cultura y prehistoria humana. Nuestros antepasados más antiguos vivieron en África hace al menos doscientos mil años. De este modo, los antepasados expresan la sabiduría colectiva de la humanidad. Son ancianos que recuerdan todo nuestro recorrido evolutivo como seres humanos y custodian nuestra memoria genética y cultural.[2]

Cada uno de nosotros pertenece a un gran linaje de seres que se remonta eternamente en los recovecos del tiempo no registrado y avanza eternamente hacia el futuro. Nadie está solo en el gran esquema o en la gran red.

En este contexto, podemos ver que el "trauma ancestral" no es más que otra forma de decir falta de relación familiar o interpersonal. Los ancestros sanos e integrados se convierten en rutas de sabiduría e inteligencia para las familias y comunidades vivas. Sirven de puente entre las capacidades emocionales y sociales, apoyando nuestra conexión con los demás y con la propia Tierra. Una relación sana y vibrante con los antepasados nos sitúa más plenamente en el aquí y el ahora. Con esto en mente, veamos algunas de las consecuencias más comunes y de las manifestaciones invisibles del trauma ancestral no metabolizado.

Cada uno de nosotros pertenece a un gran linaje de seres que se remonta eternamente en los recovecos del tiempo no registrado y avanza eternamente hacia el futuro.

Si quieres ver cómo se muestra el trauma en tu familia, inicia un negocio familiar. Novelas, obras de teatro, películas y series de televisión de éxito se deleitan con el drama de una familia en conflicto o en crisis. Considera los imperios que han sido legados en el mundo real y se derrumban debido a las luchas internas, a la avaricia y a la competición entre hermanos o parientes. En la historia siempre viva de la familia rota, resulta fácil ver que los "pecados de los padres" causan interminables problemas a sus hijos y a los hijos de sus hijos. Incluso, cuando aparecen en los titulares ejemplos reales de familias desgarradas, puede parecer que sus conflictos tienen que ver con el negocio, el delito o un desacuerdo público escandaloso. Pero, si miramos por debajo de las pequeñas rivalidades entre hermanos, los choques de personalidad y los desacuerdos profesionales, es probable que descubramos un sistema familiar plagado del miedo inconsciente a la escasez, que tiene su origen en un trastorno preexistente conocido como *trauma*.

El trauma produce una sensación de carencia, un sentimiento de "no hay suficiente". No hay suficiente tiempo, dinero u otros recursos vitales para todos. No hay suficiente apoyo, reconocimiento o valor. No hay suficiente salud, vida o seguridad. Y lo peor de todo es que no hay suficiente amor.

Tanto si se trata de un negocio familiar en crisis, como de una guerra tóxica por la herencia, de una familia desgarrada por abusos o negligencia no reconocidos, o de una familia distanciada que ya no se habla, los síntomas superficiales de la desavenencia siempre representan algo mucho más profundo, algo que los antepasados de esa familia desestructurada probablemente generaron o sufrieron de maneras muy parecidas.

Una nota importante: no todo el mundo ha sido criado por sus relaciones genéticas, por supuesto. El trabajo de integración con el linaje de cuidadores de una persona, sean o no parientes consanguíneos, suele ser tan importante para el proceso de curación como el trabajo realizado con los parientes genéticos. Para simplificar, utilizaré principalmente términos que describen las líneas sanguíneas, pero ten en cuenta que las "líneas de leche" también son importantes y deben incluirse.

EL SISTEMA NERVIOSO ANCESTRAL

En capítulos anteriores hemos comentado el hecho de que la mayoría de las personas solo reconocen las estructuras físicas generales del sistema nervioso, incluido el cerebro, y que creen que el sistema nervioso central de cada persona es individual, separado y diferenciado. Sin embargo, desde una perspectiva más profunda, también existe un sistema nervioso colectivo, que incluye el sistema nervioso ancestral y constituye el aspecto más sutil de un sistema ampliado que codifica las experiencias ancestrales, una información vital para nuestro funcionamiento pero que precedió a nuestra vida. Este sistema más amplio supera los límites temporales y espaciales, y sirve como una especie de vínculo Ethernet no solo con las condiciones biológicas o genéticas de nuestros antepasados, sino también con los recuerdos acumulados, las habilidades, los talentos, las fortalezas y la sabiduría que nuestros predecesores generaron en el transcurso de sus vidas.

He descrito que —como terapeutas, facilitadores y sanadores— podemos aprender a sentir y sintonizar con los sistemas nerviosos de clientes individuales en el curso del trabajo de sanación. Asimismo, podemos aprender a sentir y sintonizar con el sistema de relaciones ancestrales de un cliente. A menudo, un terapeuta especialmente sintonizado empezará a sentir o percibir al antepasado de un cliente incluso antes de que surja el objetivo de la curación ancestral. Todas las tradiciones chamánicas y muchas de las orientales han considerado durante largo tiempo que este trabajo es esencial para la curación; por otra parte, muchos otros profesionales apenas están empezando a tomar conciencia de la presencia sutil de los antepasados.

Para emprender en serio cualquier tipo de trabajo de integración ancestral, por supuesto que se necesita cierta comprensión cognitiva. Sin embargo, es mucho más importante que aprendamos a *sentir* a nuestros antepasados. ¿Cómo sientes tu conexión con tus padres, abuelos o bisabuelos? ¿Percibes una conexión inmediata o hay algo de distancia o ausencia? Todas las respuestas son válidas. Cualquier cosa que descubras al hacer este ejercicio es exactamente la información con la que has de trabajar a continuación.

Tal como tus padres y los padres de tus padres te transmitieron muchos rasgos físicos y, probablemente, de comportamiento —por ejemplo, el pelo oscuro y áspero, una predisposición amable o un talento musical—, también has heredado sus luchas no resueltas. Al igual que los impuestos impagados, cualquier parte del pasado de un antepasado que no se haya digerido se transmite a sus descendientes. Las energías no metabolizadas de tus antepasados viven hoy en tu interior y, con frecuencia, las repeticiones o retraumatizaciones que experimentas a lo largo de tu vida son tan suyas como tuyas.

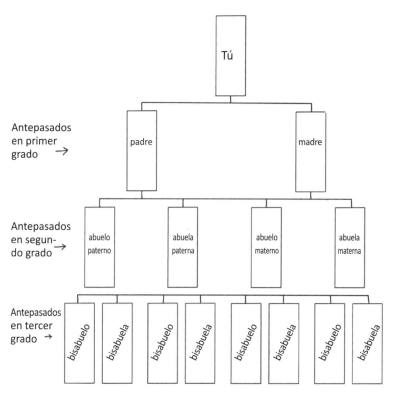

Árbol genealógico que representa los "grados" de transmisión genética. Cada grado requiere un nuevo nivel de sintonización para la curación ancestral.

A veces, la consonancia entre la propia vida y la de un antepasado es tan misteriosa como innegable. Niyati, hija de supervivientes del Holocausto, partió de Holanda en barco cuando era adolescente. Estaba entusiasmada con el viaje, pero cuando el barco zarpó, se encontró sola en la parte trasera del barco, embargada por una pena incomprensible. Mientras veía la orilla desaparecer en la distancia, Niyati temblaba con unas lágrimas que no podía explicar.

Décadas más tarde se enteró de que un angustioso día de mayo de 1940, su abuela Claire escapó de los nazis tomando el último barco hacia Inglaterra desde el puerto holandés de

IJmuiden, el mismo punto de partida que su nieta tomó muchos años después. La familia de Claire se había apresurado, junto con otros miles de judíos, para subir a bordo del barco, pero en el caos, su marido y su única hija se separaron de ella y no consiguieron salir del país a tiempo. Al darse cuenta de este terrible hecho, Oma Claire se quedó sola en la popa del barco, observando cómo las costas de Holanda se encogían en el horizonte, sumida en un dolor insondable por la pérdida de su familia y paralizada por el terrible conocimiento de lo que seguramente les esperaba.

Tanto si descubrimos —como hizo Niyati— los detalles biográficos que nos permiten conectar nuestro dolor con el de nuestros predecesores, como si no, lo cierto es que cualquier trauma no sanado que hayan sufrido es también *nuestro* trauma. Podemos experimentar un patrón de estrés tóxico o una sensación general de desconexión y malestar. El trauma también puede presentarse en forma de miedos o fobias inexplicables, ataques de ansiedad o depresión, o cualquier otra emoción difícil que parezca estar fuera de sincronía con nuestra experiencia actual.

Como escribí en *Sanar el trauma colectivo*, los investigadores siguen presentando pruebas convincentes de la transmisión epigenética del trauma. Algunos de los primeros estudios sobre la transmisión multigeneracional del trauma se realizaron con descendientes de supervivientes del Holocausto, como los dirigidos por la doctora Rachel Yehuda, directora de la División de Estudios del Estrés Traumático de la Escuela de Medicina Mount Sinai. Aunque es necesario seguir investigando, las conclusiones de Yehuda tienen una resonancia reveladora para muchas comunidades y sus descendientes genéticos en todo el mundo, y para otros grupos que han sufrido traumas históricos derivados de la guerra, el genocidio, la esclavitud y la colonización.

Muchos de los síntomas intergeneracionales de trauma que son comunes en dichos grupos solo perpetúan la adversidad y el sufrimiento de la comunidad. Dichos síntomas pueden incluir una mayor incidencia de enfermedades físicas y psicológicas, un patrón de alteraciones domésticas, vulnerabilidad a las adicciones y malos resultados en educación y en cuanto a estabilidad económica. A pesar de que las pruebas son abrumadoras —están a la vista de todos los que se atreven a mirar—, la cuestión del trauma intergeneracional sigue siendo tema de debate para muchos científicos. En cualquier caso, los científicos más osados siguen adelante.

Kerry J. Ressler, neurobiólogo y psiquiatra del Hospital McLean de Belmont (Massachusetts), y su colega Brian Diasco fueron los autores de un estudio publicado en 2013 en la revista *Nature*. Como explicó el periodista Ewen Callaway, Ressler "se interesó por la herencia epigenética después de trabajar con personas pobres que vivían en barrios marginales, donde los ciclos de drogadicción, enfermedades neuropsiquiátricas y otros problemas a menudo parecen repetirse en padres e hijos".[3]

Para examinar la herencia epigenética en los factores de comportamiento, los investigadores utilizaron ratones de laboratorio a los que entrenaron para que temieran el olor de la acetofenona, una sustancia química con un aroma similar al de las cerezas o las almendras. Los investigadores expusieron a un grupo de ratones macho a la acetofenona mientras les proporcionaban una pequeña descarga eléctrica. Los ratones aprendieron rápidamente a temer el olor y se comportaron en consecuencia, estremeciéndose y mostrando una respuesta visual de estrés, tanto si recibían descargas como si no.

No se administraron más descargas al grupo original de ratones ni a su progenie. Sin embargo, al igual que en el estudio con ratones de Isabelle Mansuy descrito en el capítulo 6, cuando cada nueva generación —es decir, los nietos, bisnietos, etc. del grupo original— fue expuesta al olor de la acetofenona, los nuevos ratones mostraron la misma respuesta de estrés que sus predecesores, agitándose, angustiándose y actuando caóticamente. Esta respuesta conductual se repitió durante generaciones.

El trauma no metabolizado en el linaje ancestral crea un lugar de desconexión, como una tubería de agua rota. Su presencia impide el flujo de luz e información a través del árbol intergeneracional o sistema familiar. Más adelante, estos bloqueos desatendidos engendran relaciones familiares disfuncionales, que dañan aún más los lazos familiares y dan lugar a síntomas observados de forma reveladora en muchos grupos culturales históricamente traumatizados, en todas las partes del mundo. Hasta que no se reconozcan y aborden las heridas ancestrales de la comunidad, las generaciones posteriores seguirán soportando la carga de la crisis histórica.

Dondequiera que nuestros padres, abuelos o bisabuelos quedaron fragmentados por la adversidad, la impronta de esa fragmentación perdura en sus sistemas nerviosos. Aunque sea de forma silenciosa, se manifiesta en nuestro cuerpo, en nuestro comportamiento, en nuestras estructuras emocionales y, por tanto, en nuestras relaciones. Esto es lo que hace que el trabajo de integración ancestral sea tan urgente e importante. Al fin y al cabo, vivimos tiempos que exigen que seamos los seres humanos más sanos, cuerdos, sabios y profundamente relacionados que podamos ser.

EL DOCTOR EDUARDO DURÁN, SOBRE LA SANACIÓN COMUNITARIA INDÍGENA Y EL CONCEPTO DE LAS CATORCE GENERACIONES

Extraído de las charlas del doctor Durán durante la Cumbre de Trauma Colectivo de 2021.[4]

Al principio de mi trabajo con las comunidades indígenas, cuando me sentaba con una persona, una pareja o una familia, me daba cuenta de que durante el tiempo que hablaba con ellos, empezaba a tener la sensación de que había alguien más [en la habitación] con nosotros. Pero en cuanto mis clientes se marchaban, la sensación desaparecía.

Esta sensación era cada vez más fuerte, hasta que pensé: "Bueno, quizá sea yo quien tiene un problema. Quizá estoy demasiado estresado. El trabajo de grado me está haciendo pensar cosas". Pero la experiencia era cada vez más fuerte, y yo no tenía un contexto para ella. Delante de mis pacientes no podía atender muy bien a este sentimiento [...] de que había algo más en la habitación que nadie podía ver. Eso estaba fuera de lugar. Empezaba a pensar que estaba en el campo equivocado. "Solo tengo que volver al ejército, donde las cosas tienen sentido y no siento esto", pensé.

Pero un día apareció un médico tradicional. Nunca lo había visto, pero entendí [por la comunidad] que su medicina era muy poderosa. Me dijeron que ni siquiera tenías que contarle tus sueños; él podía *decirte* lo que habías soñado y luego lo que ese sueño significaba.

"¡Vaya!", pensé. Incluso a Carl Jung tenías que empezar contándole tu sueño. De modo que estaba muy nervioso y no sabía por qué había venido. Pero como no podía contarle lo que estaba sintiendo a mi supervisor clínico, por razones obvias, decidí que tal vez podría contárselo al curandero. Pensé: "Bueno, incluso si él informa sobre mí, nadie va a creerle. Es un médico indígena y la gente va a pensar que está loco, así que es seguro contárselo". [Se ríe] Así que le conté lo que estaba experimentando. Esperaba que me dijera que solo necesitaba tomarme algún tiempo y descansar.

Pero él hizo justo lo contrario.

—La razón por la que tienes esta sensación —me dijo— es porque hay otras personas allí.

—¿Quiénes son? —pregunté.

Me explicó que, durante un periodo de treinta años, entre 1870 y 1900, el 80% de los nativos de las comunidades con las que yo trabajaba habían sido exterminados, víctimas del genocidio militar y [por enfermedades infecciosas] de la guerra biológica.

—Y cuando ocurre un genocidio repentino de este tipo —explicó—, las [almas de las] personas no tienen tiempo de cruzar al otro lado y estar en armonía con los antepasados. Debido a la ley natural, el único lugar donde esa curación puede ocurrir es aquí, en el mismo lugar donde se produjo la herida.

Me dijo que lo que yo estaba experimentando eran los antepasados y los no nacidos de las personas con las que trabajaba. Venían a nuestras sesiones de terapia con la esperanza de que sus parientes vivos pudieran empezar a curarse, porque su curación se transmitiría a los del mundo espiritual. La mayoría de las comunidades indígenas que he visitado en todo el mundo tienen una creencia similar: que todo lo que hacemos afecta a siete generaciones.

—En el tiempo espiritual y en el tiempo de los sueños, el tiempo no solo avanza hacia delante —me dijo el curandero—, también puede ir hacia atrás.

Esto significaba que siete generaciones antes y siete generaciones después, es decir, catorce generaciones, se habían reunido en ese momento. Ellos entran desde la séptima dirección sagrada, el centro del corazón, que es donde se libera la medicina [...] para que los antepasados puedan liberarse.

Y eso permite que los no nacidos digan: "No tenemos que repetir esto cuando entremos".

Si hacemos el trabajo de curación ahora, los que nazcan en las próximas siete generaciones no necesitarán tener esta conversación. Esa es la génesis de la idea de las catorce generaciones.

RECONOCER A LOS ANTEPASADOS

La terapia de pareja Imago —Imago Relationship Therapy—, desarrollada en 1980 por Harville Hendrix y Helen LaKelly Hunt, se basa en la idea de que muchas parejas se sienten atraídas inicialmente por sus heridas familiares no curadas.[5] Imago, del latín "imagen", se refiere a "la imagen inconsciente del amor familiar". En su libro sobre el tema, Hendrix propuso que la abrumadora chispa de atracción que se siente entre desconocidos suele basarse en el reconocimiento inconsciente de un trauma compartido. Cualquier relación que se desarrolle a partir de una conexión de este tipo suele estar plagada de dificultades, pero la lucha es precisamente lo que se necesita para ayudar a ambos individuos —y quizá, por extensión, a su comunidad de antepasados y descendientes— a reconocer y trabajar para curar sus heridas familiares. Como hemos visto una y otra vez, la belleza del dolor no curado es que sus síntomas resurgen continuamente, una y otra vez, recordándonos que debemos curar nuestras heridas y reparar nuestras vidas.

Cuando piensas en tus antepasados, puede que los sientas muy cerca de tu corazón. Tal vez pienses en ellos y hables de ellos con frecuencia, e incluso sientas su presencia en tu vida o en la de tus hijos. Puede que tengas costumbres familiares y rituales para honrar a los antepasados en los días sagrados del año, cuando les ofreces gratitud y reconocimiento por su contribución a tu vida.

Sin embargo, para muchas personas de la sociedad contemporánea, la noción de los antepasados puede parecer bastante remota o abstracta. Cuando piensan en sus antecesores, si es que lo hacen, se sienten distantes, como si fueran una mera noción lejana y no una energía viva. Esto es especialmente común cuando se sabe que los antepasados de una persona albergaban actitudes, creencias o comportamientos que hoy se consideran problemáticos o incluso muy poco éticos.

La sanación ancestral no siempre es fácil, por supuesto. A menudo nos enfrentamos a traumas profundos, sistemas familiares rotos o legados de opresión social que pueden implicar crímenes de guerra, violencia y abusos de poder. Las cicatrices que dejan estas heridas no se reconcilian fácilmente y exigen que analicemos con habilidad y competencia los residuos del pasado. Lo importante es que lo hagamos. Debemos hacerlo.

Los enfoques psicoterapéuticos han hecho grandes avances en muchos aspectos. El trauma infantil y los modelos de apego por fin se están convirtiendo en objeto de atención para el gran público. Nos muestran lo esenciales que son los modelos de relación sana para el desarrollo humano, la formación de la personalidad y la salud física y mental a lo largo de la vida. No obstante, sobre esta base ya es hora de que ampliemos el mapa para incluir esferas más profundas de la función sistémica humana y de nuestras redes de conexión.

ANCESTROS HERIDOS

Independientemente de que estemos o no de acuerdo con las decisiones de nuestros antepasados, heredamos las sombras que ellos no iluminaron en vida. En estas circunstancias, el viaje para revelar y reconocer nuestro pasado familiar es vital, incluso y especialmente cuando revela la perpetración de violencia. Este trabajo requiere habilidad y cuidado, y debe abordarse al ritmo adecuado. Los conflictos no resueltos y las heridas morales del pasado están presentes en nuestros cuerpos vivos. Resolver e integrar los complejos legados humanos requiere que prestemos atención cuidadosa y conscientemente a los lugares adormecidos, distantes y ausentes de nuestro interior. Decidir simplemente no saber, sentir o contar con la verdad de lo que una vez fuimos es la decisión de mantener la verdad oculta en la oscuridad. Solo con la luz de la conciencia podemos iluminar las sombras y catalizar la integración curativa.

He trabajado con muchos descendientes alemanes de oficiales y soldados nazis, y he visto lo difícil que puede ser para la gente reconocer y encontrarse con su pasado ancestral. El distanciamiento, la ausencia y la negación son defensas comunes contra los "pecados de los padres". Pero al negarnos a tomar conciencia de las consecuencias de las elecciones de nuestros ancestros, las sufrimos y perpetuamos.

Cuando se trabaja con personas cuyos antepasados perpetraron actos de violencia, ya sea individualmente o en grupo, gran parte del trabajo debe centrarse en las defensas naturales, como la negación. La clave es no hacer que su negación, o cualquier otra estrategia defensiva, sea "errónea"; la defensa no es el enemigo. Nuestro objetivo es sencillamente animar a la gente a estar con ello y a explorar lo que ocurre cuando examinamos juntos con cuidado el hecho de que no queramos sentir a nuestros antepasados ni reconocer sus acciones pasadas.

Y lo que es más importante, no tenemos por qué estar de acuerdo ni aprobar las creencias o comportamientos dañinos de nuestros antepasados para reconocer su contribución a nuestras vidas. Este es un punto de considerable conflicto para muchos, aunque en el fondo conocemos la paradójica verdad: nuestros antepasados nos dieron la vida, y eso es sagrado. Mientras nos neguemos a reconocer sus fracasos morales pasados, esos fracasos morales se repetirán en nuestras propias luchas y crisis sociales. Solo si elegimos ser testigos y digerir los crímenes de nuestros antepasados podremos evitar que se repitan.

Aquello que elegimos *no* traer a la conciencia nos dirige, y por lo tanto se convierte en nuestro destino. Por mucho que reprimamos, evitemos y neguemos, las sombras son inevitables. Cuando arrastramos traumas familiares o históricos no reconocidos, nuestros antepasados no están en paz. En consecuencia, nuestros sistemas nerviosos vivos —y, por tanto, nuestras mentes y cuerpos— no pueden mantener un saludable estado de flujo. La corriente de energía e información que se canaliza a través del sistema humano está bloqueada, disminuida y distorsionada. Aunque es verdad que no podemos cambiar la historia, al crear intimidad con los ancestros *podemos* cambiar sus efectos en el presente.

ELEGIR CÓMO RELACIONARSE CON LA EXPERIENCIA

Si decido que *nunca* seré como mi padre, estoy eligiendo lo que no quiero ser porque es demasiado doloroso, y esa elección me atará a las cualidades de mi padre que no me gustan. Probablemente exhibiré esas mismas cualidades, pero seguiré siendo inconsciente de ellas o de sus consecuencias en mi vida.

Sin embargo, si elijo conscientemente una nueva relación *con mi experiencia* de mi padre, puedo descubrir más libertad a la hora de expresar lo que mi padre me ha transmitido. Esta elección ilumina los puntos fuertes y los dones disponibles, y crea un nuevo potencial de sanación dentro de mi historia familiar.

Abrir la puerta a la relación con los antepasados puede ser desafiante. Es difícil apropiarse de lo que ellos no pudieron. Pero al abrirnos valientemente a la verdad de sus vidas con la intención de integrar hasta nuestras historias más difíciles, nosotros y todas nuestras relaciones a lo largo del tiempo empezamos a despertar juntos a un mundo más iluminado. Este simple acto de presencia deja sitio para nuevas elecciones, nuevas posibilidades, nuevos futuros y nueva luz: para nosotros, nuestros hijos y los hijos de nuestros hijos.

La ley natural o divina determina el flujo de energía a través de cientos de miles de años de vida. El karma no es más que el aplazamiento de la experiencia. La integración es el acto de limpiar el karma para que la luz, la energía, la sabiduría y la fuerza se transmitan a las generaciones futuras, e incluso tal vez a las anteriores.

DOCTORA LAURA CALDERÓN DE LA BARCA, SOBRE EL RACISMO, LA MEMORIA Y LA INVITACIÓN

Laura Calderón de la Barca es una psicoterapeuta, analista cultural, autora y educadora de México. Asiste a la Formación de Sabiduría Atemporal, y es un valioso miembro de The Pocket Project, una organización internacional sin fines de lucro cuya misión es contribuir a la curación del trauma colectivo e intergeneracional, y reducir sus efectos perturbadores en nuestra cultura global.

Soy de ascendencia mixta, parte indígena y parte española, y crecí en un ambiente que era de un nivel más alto, dentro de mi sociedad, en comparación con aquel en el que nacieron mis padres. Trabajaron muy duro para llegar a un lugar económicamente mejor, y eso les permitió enviar a sus hijos a mejores escuelas que las que ellos tuvieron de niños. Así que mis padres nos abrieron una puerta, pero no estaban muy preparados para orientarnos socialmente sobre cómo movernos en esos espacios.

La escuela a la que asistí pertenecía en gran medida a la clase media alta. Un día, cuando tenía unos nueve años, recuerdo que llegué a la escuela y entré con mi mochila. Cuando pasaba por la puerta, había un niño mayor, un niño blanco. Al pasar, se me acercó y me dijo al oído: "¡Negra!".

En el momento en que me dijo eso, una enorme energía irrumpió en mi cuerpo. Hoy la llamaría vergüenza. De repente, mi corazón latía con fuerza y mi respiración era superficial. Empecé a caminar muy deprisa. Quería alejarme de él, de la escena y de cualquiera que pudiera haberla presenciado. Sentía que las lágrimas me ardían en los ojos, pero *no* me permití llorar. Llorar habría empeorado mi vergüenza; demostraría a todo el mundo que la maldición del chico me había afectado. Si eso ocurriera, me sentiría como una fracasada.

En aquel momento no lo comprendí del todo, pero llorar sería como traicionar a mi familia, a mi linaje. Mis lágrimas comunicaban que creía que no tenía derecho a estar allí, en esa escuela, cuando sabía que tenía todo el derecho a estar allí, tanto como aquel niño. Por supuesto, también estaba llena de ira y de orgullo herido. Y de dolor, mucho dolor. En ese momento mi corazón se rompió, y no pude dejar de temblar durante mucho tiempo.

Sentí que no podía compartir lo que había pasado con nadie, así que no lo hice. Cuando llegué a clase, hice lo que he hecho tantas veces: esconderme detrás de un libro e intentar aparentar que estaba ocupada, aunque me esforzaba por no llorar. En el *shock* de esa experiencia, me había disociado. Poder compartir esta experiencia con vosotros ahora es el resultado de un largo viaje.

Más adelante, cuando estaba haciendo el doctorado, recuerdo que le conté esta experiencia a mi supervisor.

—Entiendo que fue algo muy doloroso para ti —me dijo—, pero no puedo entender el nivel de reacción que veo en ti ahora. Siento tu reacción mucho mayor de lo que realmente ocurrió.

La respuesta de mi supervisor me pareció una apertura, una oportunidad para darme cuenta de que esa experiencia no me perseguía. Mi vida no había estado en peligro, eso era cierto. Y reconocerlo se convirtió en un punto de entrada: cuestionar la intensidad de mi experiencia personal me llevó a descubrir las capas de experiencia *colectiva,* ancestral y cultural, que llevo conmigo. Que todos llevamos con nosotros.

Soy parte del México indígena; tengo antepasados indígenas que no solo fueron discriminados, sino perseguidos y maltratados por ser quienes eran. Y hoy tengo la sensación de que esta parte histórica y ancestral de mí resonaba en mi cuerpo cuando estallé en dolor y rabia siendo aquella niña de nueve años.

Aunque no tengo un linaje africano directo, mis antepasados fueron testigos y experimentaron de muchas maneras —o participaron en— lo que sufrían las personas de ascendencia africana. Por eso, cuando un chico blanco utilizó ese insulto concreto, asociado con la comunidad negra, para ofenderme, una parte de mí sintió terror. Aprender a ver esto ha sido difícil y doloroso; significaba ver que una parte de esa historia de racismo sistémico también vive en mí. No me siento orgullosa de ello en absoluto, y por eso siento que es tan importante mirar. Si me niego a verlo, he traicionado a mi linaje al permitir que esa historia continúe en mí. Esta es la invitación.

LOS REGALOS DE LOS ANTEPASADOS

La belleza del trabajo de sanación multigeneracional reside en el profundo descubrimiento de que los antepasados son, de hecho, nuestro mayor recurso. Sus fortalezas, habilidades, talentos, recursos, ingenio, resiliencia y sabiduría están a nuestra disposición en el presente. Al prestar atención a las heridas de nuestras líneas ancestrales, creamos un nuevo espacio para que los dones de nuestros antepasados se revelen y despierten. Y podemos cosechar esos dones y recursos para emprender una sanación ancestral más profunda. En el proceso, llegamos a sentirnos más profundamente apoyados y más poderosamente conectados de formas que trascienden el tiempo o el lugar. La curación es solo el principio. La verdadera recompensa de la restauración ancestral, o de cualquier otro proceso de integración de traumas colectivos, es que tiene el poder de cambiar nuestra conciencia del "yo" al "nosotros", del enfoque individual al despertar colectivo.

Tú eres el futuro de tus antepasados. Cuando te permites sentir realmente el pasado, y no solo pensar en él, descubres que tienes el poder de sincronizar el pasado fragmentado y el trauma no sanado de tu linaje con el momento presente. Cada vez que lo haces, la energía congelada del pasado se libera y se integra en la corriente vital. Se trata de una poderosa fuerza curativa que permite al futuro cambiar el pasado. Puedes cohesionar el sistema nervioso individual, ancestral y colectivo y sincronizar el pasado con el presente, liberando el dolor que tus antepasados se vieron obligados a reprimir para sobrevivir. Al restaurar e integrar el pasado colectivo, generas nuevos aprendizajes y sabiduría para el presente.

Cuando tus antepasados están en paz, tú también lo estás. Cuando empiezas a abordar el legado de fragmentación que te fue transmitido, tu vida cambia, y esos cambios se extienden hacia el exterior. La curación se extiende hacia atrás en el tiempo como liberación retrocausal de los ancestros y se despliega hacia adelante en el tiempo como un mayor potencial y posibilidades para las vidas futuras de tus descendientes. Y, lo que es más, las energías radiantes y centelleantes de la restauración comienzan a extenderse hacia el exterior de tu comunidad, afectando al nivel más sutil a todos los que conoces y a muchos que no.

Cuando tus antepasados están en paz, tú también lo estás.

La sanación ancestral inerva el sistema nervioso colectivo y restaura la luz en la totalidad. Esta luz es necesaria para generar nuevas y necesarias estructuras de conciencia, incluyendo aquellas que permitirán a la humanidad recordar y reparar nuestra sagrada conexión con la tierra y con todas las demás formas de vida. Nos incumbe transformar el sufrimiento colectivo en unificación, integración y amor. De hecho, creo que es una parte vital de nuestro propósito.

PRÁCTICA: UNA SANACIÓN ANCESTRAL SIMPLE

La sanación ancestral puede abordarse como un viaje interior contemplativo. Con cuidado y conciencia, lo vivo tiene el poder de ayudar a restaurar las energías ancestrales o traumáticas intergeneracionales devolviéndolas a la presencia y la integración. Esto genera nuevos aprendizajes, crecimiento postraumático y resiliencia dentro de tu linaje, que se expanden y repercuten positivamente en otros miembros de tu comunidad. Si este proceso te resulta difícil, por favor, practícalo solo en presencia de un terapeuta cualificado o en el entorno de un grupo con facilitador.

En primer lugar, encuentra un momento y un lugar serenos donde no vayas a ser molestado, y ponte cómodo.

Cuando estés preparado, conecta con tu propio cuerpo sintonizando con tus sensaciones, pensamientos y sentimientos internos, que utilizarás como instrumento de conexión.

A continuación, establece con claridad la intención de conectar con uno o varios antepasados específicos. Mientras lo haces, debes saber que el sistema nervioso de tu cuerpo es capaz de sintonizar con la información sobre el antepasado, dondequiera que viva esta sabiduría en tu familia o en tu historia. Simplemente escucha y deja espacio para recibir, mientras mantienes tu intención con una suave concentración.

Observa cualquier sensación, emoción, imagen, atmósfera, sabor o recuerdo que aparezca. Ahora, quédate con la impresión sintonizando más profundamente. A menudo, la impresión se profundizará y te revelará más de sí misma. Es importante permanecer con la información que se despliega tal como es, sin intentar entenderla ni interpretarla.

Para algunos es útil escribir un diario sobre el proceso, ya que la escritura puede fomentar un flujo intuitivo de información y conciencia. Recuerda que no debes quedarte fijado con una interpretación; en su lugar, simplemente estate presente y observa lo que hay.

Pensar solo en el trauma no lo moverá ni lo cambiará; es necesario *sentir* y *percibir* la información del trauma. La curación intergeneracional se produce cuando aportas presencia y relacionalidad a las energías divididas o fragmentadas del trauma para que puedan reintegrarse de nuevo en el río de la vida.

SENTIR FRENTE A IMAGINAR A LOS ANCESTROS

Hay una diferencia vital entre *imaginar* a los antepasados de un cliente y, fundamentalmente, *sentir* la información que nos llega sobre ellos. Puede que tengas algún conocimiento previo o incluso una versión imaginaria de los antepasados, pero lo que realmente necesitas solo se puede encontrar con una sintonización intencional, simplemente observando lo que surge en el cuerpo, la mente o las emociones cuando piensas en los antepasados y sintonizas con ellos.

Cuándo sintonizas con tu bisabuela, por ejemplo, ¿qué notas en tu cuerpo? ¿En tus emociones? ¿Qué imágenes internas o pensamientos surgen? Una vez que sintonizas con el primer sentimiento, sensación o imagen, tienes acceso a otra información almacenada más profundamente. Incluso si la única sensación que percibes es de entumecimiento o ausencia, esa es precisamente la información con la que necesitas trabajar.

10

CURACIÓN PARA LA COLECTIVIDAD

El tono de los sentimientos del cuerpo marca la sinfonía de la conciencia...

—MARIA POPOVA

Nunca sabemos lo que podemos llegar a ser para los demás a través de nuestro Ser.

—MARTIN HEIDEGGER

Cuando nos encontramos con un virus, una toxina o simplemente un alérgeno ambiental común, el sistema inmunitario de nuestro cuerpo expresa una reacción inicial ante la amenaza potencial, desencadenando una cascada de respuestas inmunitarias inteligentes y diseñadas para garantizar nuestra supervivencia y devolvernos el bienestar. Se trata de mecanismos evolutivos exquisitos, perfeccionados a lo largo de millones de años.

Lo mismo es válido para el colectivo humano. Como sistema complejo, el colectivo posee autosimilitud; las características esenciales de los individuos se reproducen a escala en todos los grupos humanos —organizaciones, comunidades, sociedades y la humanidad en general—. Los sistemas humanos también poseen una función inmunitaria evolutiva de autocuración y autoequilibrio. Existe un orden brillantemente orquestado dentro del sistema más amplio, que yace justo debajo de la superficie de la conciencia humana. Y como anticuerpos andantes o glóbulos blancos, cada uno de nosotros participa en la función inmunitaria colectiva, aunque de maneras que quizá nunca llegamos a reconocer o comprender del todo.

Del mismo modo que la respuesta inmunitaria de tu organismo puede resultar contraproducente —es decir, desbaratar el propósito que tenía previsto al volverse hiperreactiva y atacar al propio organismo—, el sistema inmunitario colectivo también puede hacerlo. Recuerda que el trauma no es esa cosa impactante que te ha sucedido, sino tu *reacción* a lo sucedido. Puedes quedarte tan atrapado en tus reacciones ante amenazas reales o percibidas que no seas capaz de afrontar y digerir adecuadamente tus reacciones. O peor aún, *tú mismo* puedes convertirte en la amenaza. Y ocurre lo mismo con las comunidades, e incluso con las naciones.

A principios de 2022, la mayor guerra terrestre ocurrida en Europa desde la Segunda Guerra Mundial estalló dentro de las fronteras de Ucrania. Se calcula que solo en las primeras semanas de conflicto 3,2 millones de personas huyeron del país, y muchas más lo hicieron después. Además de la oleada de migrantes que inundaron Polonia, Eslovaquia, Hungría, Rumania y otros países, se calcula que en la tercera semana de conflicto había 6,5 millones de desplazados internos,[1] personas que seguían en Ucrania y no podían permanecer en sus hogares, ciudades o regiones debido a la invasión de su patria por las fuerzas armadas rusas. Muchos de ellos ya habían sido desplazados a la fuerza durante la invasión rusa de la región de Donbass y la anexión de Crimea en 2014. En poco tiempo, innumerables ciudadanos ucranianos y otras personas que vivían dentro de sus fronteras se convirtieron en refugiados de guerra —algunos no por primera vez— y en los protagonistas de una creciente crisis humanitaria.

Según la Agencia de las Naciones Unidas para los Refugiados, a finales de 2020, 82,4 millones de personas habían sido desplazadas de sus hogares y comunidades en todo el mundo debido a "persecuciones, conflictos, violencia, violaciones de los derechos humanos o acontecimientos que perturban gravemente el orden público".[2] Al igual que el creciente número de refugiados de guerra que huyen de Ucrania —la mayoría mujeres, niños y ancianos—, se dice que las personas desplazadas se enfrentan a cuatro grandes categorías de traumas: *estrés traumático, estrés por aculturación, estrés por reasentamiento y aislamiento.*[3] Incluso cuando los inmigrantes consiguen cruzar las fronteras nacionales de forma segura —lo que no está garantizado— y encontrar un refugio temporal o de larga duración que sea seguro —lo que tampoco está garantizado—, su trauma no ha terminado. En muchos sentidos, es posible que solo esté empezando.

Dada la creciente volatilidad, incertidumbre, complejidad y ambigüedad de la vida contemporánea, debemos tener en cuenta que estos traumas pueden estar agravados por otros problemas sociales a gran escala.

Comencé este libro con una visión general de la que tal vez sea la mayor crisis que afronta la civilización en nuestro tiempo, la emergencia ecológica global. El cambio climático ha producido y seguirá produciendo un número incalculable de refugiados, migraciones masivas de personas obligadas a huir de catástrofes naturales cada vez más graves —inundaciones, incendios, hambrunas, enfermedades y otros peligros— en los "puntos calientes" climáticos de todo el mundo. Ya hemos visto grandes cantidades de personas desplazadas por el clima en América, África, Europa, Asia, Australia y otros lugares, y se espera que el número aumente,[4] tal vez exponencialmente.

La verdad central que nos trae aquí es esta: dondequiera que vayan, las personas desplazadas llevan consigo el trauma de sus experiencias, y lamentablemente se encontrarán con muchas otras. Como ya he dicho, en el inconsciente colectivo existe un campo traumático a gran escala que nos conecta a todos. Vincula a cada venezolano con cada kazajo, a cada senegalés con cada sueco. Cualquier caso de conflicto o adversidad en un país está íntimamente relacionado con todos los demás, porque el trauma que siente cualquiera de nosotros vive dentro de todos nosotros.

Asimismo, todos formamos parte de la misma Tierra, y dondequiera que haya sufrimiento ecológico —desde las selvas tropicales devastadas que arden en el Amazonas hasta los arrecifes de coral ahogados por el plástico y los productos químicos en Indonesia— ese sufrimiento nos pertenece a todos. A pesar de nuestra ilusión de separación, somos, de hecho, un solo mundo. La interconexión no es una metáfora idealista, sino un hecho inmutable. Y puesto que estamos tan profundamente interconectados, todos los que puedan tienen el deber de aprender a activar el sistema inmunitario colectivo y despertar juntos la capacidad humana para hacer frente a los increíbles retos y graves problemas de nuestro tiempo. Resolver incluso un solo problema sistémico requerirá mucho más que una planificación cuidadosa y una acción estratégica. Si los patrones *inconscientes* son la sustancia fundamental de los colapsos sistémicos, solo una conciencia clara y activada puede servir para afrontarlos.

Ante todo, debemos estar dispuestos a estar presentes y ser testigos, a *sentir*, *percibir* y *ver* las manifestaciones de la sombra, la ignorancia y el trauma dentro de nosotros mismos y en los demás. A primera vista, esto puede parecer desalentador o incluso innecesario. La cultura del consenso, plagada de colapsos sistémicos, nos hace creer que estas nociones son frívolas, poco prácticas e inútiles. Sin embargo, esta postura es en sí misma sintomática de una sociedad traumatizada, que induce un letargo del que debemos despertar.

Para comprender la urgencia a la que nos enfrentamos, consideremos lo que ocurre cuando nos negamos a reconocer, y mucho más a presenciar, los síntomas que presenta nuestra sombra colectiva. "En la psicoterapia arquetípica que practico —escribe el autor espiritual y psicoterapeuta Thomas Moore— siempre decimos: Acompaña al síntoma. No busco escapes rápidos del dolor ni buenas alternativas que te distraigan. Trato de imaginar cómo el síntoma [...] podría ser reimaginado e incluso vivido de una manera nueva".[5] Los síntomas son ecos del trauma original, parte de un proceso que se ha atascado en el tiempo y el espacio. Nuestro trabajo consiste en ir más profundo y descubrir el origen del eco para que por fin pueda ser curado.

Noventa años antes de que la soberanía de Ucrania fuera invadida en la guerra ruso-ucraniana de 2022, allí tuvo lugar una atrocidad de proporciones incomprensibles, cuya oscura sombra sigue uniendo a Ucrania con sus vecinos y familiares rusos. En el Holodomor,[6] o Hambruna del Terror, millones de ucranianos murieron de hambre en un año, en un acto de genocidio planeado por el dictador soviético Joseph Stalin.[7]

En la Ucrania de 1932-1933, la devastación del Holodomor era visible por doquier. Sin embargo, durante medio siglo, la Unión Soviética negó que la hambruna hubiera tenido lugar, tachando cualquier mención a ella de "propaganda antisoviética". De hecho, toda la información sobre la hambruna y los millones de personas que murieron por su causa se suprimió hasta tal punto que no hubo ninguna mención pública oficial del suceso hasta 1987.[8] Durante todo ese tiempo, se esperaba que los ucranianos negaran u olvidaran cómo su propio pueblo —sus antepasados, seres queridos, miembros de la comunidad y compatriotas— habían sido exterminados de forma cruel.

Algunos historiadores argumentan que el Holodomor fue un intento brutal y extremo por parte de Stalin de aplastar la independencia ucraniana. Otros afirman que la hambruna fue el terrible resultado de la apatía generalizada, la incompetencia burocrática y los esfuerzos de colectivización del Partido Comunista, en los que el gobierno confiscó las tierras, los bienes personales y muchos hogares de los campesinos y trabajadores agrícolas pobres, erradicando así la autosuficiencia ucraniana y sumiendo a la región en una escasez de alimentos cada vez mayor, una hambruna inevitable y una catástrofe social.

El Holodomor no fue el primer horror que se abatió sobre el pueblo ucraniano, ni el último que ocurrió en el siglo XX, pero su ejemplo es ilustrativo e importante de comprender. Fuera cual fuera la motivación de Stalin o la verdadera causa de la atrocidad, no es difícil detectar los temas subyacentes que siguen estando presentes en la región a día de hoy, incluso si esas energías permanecen en gran medida en la sombra. En realidad, la guerra nunca es un problema de intereses políticos o económicos desalineados. Es la consecuencia de una sombra rechazada y de heridas del pasado desatendidas y repudiadas, que por su propia naturaleza deben resurgir una y otra vez hasta que nos pongamos de acuerdo colectivamente para reconocerlas y enmendarlas.

TESTIMONIO SOCIAL GLOBAL

La guerra no es algo nuevo; el conflicto violento es un antiguo hábito de entrenamiento que resulta familiar a casi todas las sociedades humanas. Lo que *es* nuevo con respecto a la guerra y a otros sucesos traumáticos masivos del siglo XXI es la presencia de Internet y de las redes sociales, es decir, la capacidad y la facilidad con que algunas personas suben imágenes y vídeos del campo de batalla en tiempo real.

Por primera vez en la historia de la humanidad, estemos donde estemos y por más lejos que nos encontremos, podemos ser testigos y reaccionar ante lo que ocurre en zonas de conflicto activo o en escenarios de catástrofes situados a un mundo de distancia. Incluso si decidimos evitar las redes sociales y las noticias por Internet o televisión, a la mayoría de la gente le resulta difícil no enterarse de lo que ocurre a su alrededor. Las malas noticias, como los cotilleos, son omnipresentes y se *propagan*: una estrategia evolutiva y adaptativa que favorece la supervivencia, aunque, si se prolonga, fomenta la disfunción y la desintegración social. A pesar del acceso a la información de que disponemos hoy en día, a menudo más que bien informados estamos abrumados. Y si no abrumados, lo más probable es que estemos insensibilizados, atontados, que nos mostremos cínicos o cerrados.

Los medios de comunicación modernos hacen sensacionalismo de las noticias sobre violencia, amenazas y peligros, aprovechándose del miedo humano y fomentando la polarización social. No podemos digerir de inmediato la avalancha masiva de datos polarizadores que consumimos. De hecho, el acceso ilimitado a la información sobre traumas activos puede crear lo que los investigadores han denominado traumatización vicaria o de segunda mano, especialmente para las personas muy empáticas.[9] Como mínimo, las noticias constantes sobre la lucha, la violencia y la adversidad humanas pueden provocar agotamiento y fatigar nuestra compasión. Sin embargo, cuanto más anestesiados estemos ante el sufrimiento de los demás, menos capaces seremos de responder con discernimiento y actuar con sensatez para ayudar a poner fin o evitar más sufrimiento en el mundo. Sin saberlo, podemos convertirnos en cómplices de la repetición continua de los traumas culturales más oscuros de la humanidad mediante la activación inconsciente de las energías ocultas que posibilitan el trauma.

¿QUÉ ASPECTO TENDRÍAN UNOS MEDIOS DE COMUNICACIÓN INFORMADOS DEL TRAUMA?

Los titulares de noticias sensacionalistas y la participación en línea con actitud divisoria activan patrones traumáticos dentro del inconsciente colectivo, amplificando la apatía y la indiferencia en un extremo, e intensificando la perturbación emocional en el otro. Los sitios web de los medios de comunicación y las aplicaciones de las redes sociales están codificados para "aumentar la participación", porque más clics significan más dinero para los accionistas. Para apoyar este modelo de financiación poco ético y difícil de manejar, los algoritmos de inteligencia artificial están diseñados para impulsar controversias, miedos y antagonismos cada vez más extremos, privilegiando así "el contenido incendiario, y estableciendo un bucle estímulo-respuesta que promueve la expresión de la indignación".[10]

El resultado final ha sido un aumento de la polarización y el conflicto social, una salud mental pobre y llegar a mayores extremos de desigualdad económica. ¿Es de extrañar que la depresión, la ansiedad, la adicción y las autolesiones se disparen entre los jóvenes?

¿Qué aspecto tendrían unos medios de comunicación informados sobre el trauma? Esta es una pregunta que merece una investigación crítica. Lo que está claro es que las sociedades contemporáneas deben prestar al menos tanta atención a la curación y la salud como al crecimiento del producto interior bruto. Imaginemos unos medios de comunicación y un panorama económico nuevos, bien fundamentados, profesionales y éticos, cuyos líderes valoren la salud humana por encima del beneficio personal. Imaginemos unos medios de comunicación globales que fomenten una mayor comprensión y compasión a la vez que nos informan.

El trauma colectivo no es una abstracción académica ni un concepto sociológico. En el sentido más real, es la masa de energía no metabolizada que existe dentro de nosotros y a nuestro alrededor como resultado del estrés tóxico, la adversidad, el *shock* y el trauma. Aunque no lo sepamos, la energía del trauma masivo nos afecta a todos. Da forma a nuestras vidas y altera nuestras relaciones, nuestras comunidades y el mundo natural que nos rodea. El trauma colectivo no deja nada sin tocar. De hecho, su naturaleza es tan ubicua y sus efectos tan insidiosos que hemos llegado a considerarlo "normal". "Así es como son las cosas". "Así son las familias". "Así es la gente". "Así es el mundo".

Pero nada está más lejos de la realidad. La integración nos permite cosechar las energías congeladas y negadas del pasado y usarlas para iluminar nuestra perspectiva en el presente.

Como dijo el gran escritor, científico y estadista alemán Johann Wolfgang von Goethe: "El hombre solo se conoce a sí mismo en la medida en que conoce el mundo; solo es consciente de sí mismo en el mundo y solo es consciente del mundo dentro de sí mismo. Cada nuevo objeto, bien contemplado, abre en nosotros un nuevo órgano de percepción".[11] Al abrirnos a la exploración de los efectos del trauma dentro de nosotros y a nuestro alrededor, llegamos a conocernos más a nosotros mismos, al mundo y a los demás. Después de todo, solo lo que reconocemos puede ser integrado, y la integración del trauma se convierte en aprendizaje postraumático.

Es más, sanar las transgresiones éticas del pasado desarrolla nuestra comprensión ética en el presente. Esta sabiduría es vital si queremos hacer frente a los retos éticos contemporáneos: desde cuestiones sobre inteligencia artificial, nanotecnología, ingeniería genética, ciberguerra, nuevas armas de destrucción masiva y otras preocupaciones evolutivas. Tal vez un día, en las constituciones de las naciones, se incluirá el mandato de reconocer y sanar el trauma histórico y colectivo.

Para empezar a abordar el fenómeno del trauma colectivo en su origen, he desarrollado una práctica de conciencia llamada Testimonio Social Global (TSG). El TSG es una práctica de atención plena a lo social que nos muestra los límites de nuestra capacidad para ser testigos presentes de los acontecimientos —incluidos de manera especial los traumáticos— que se producen en nuestra sociedad. A través de la práctica continuada de la TSG, empezamos a ver las lagunas, los lugares en los que podemos comprender intelectualmente los hechos de las noticias que consumimos, pero en los que nos sentimos emocional o incluso físicamente estresados y abrumados por el contenido, o en los que alternativamente nos cerramos y nos insensibilizamos, siendo potencialmente inconscientes de que se ha perdido la relación. Cuando esto ocurre, dejamos de ser testigos. La brecha misma representa la distancia —o incongruencia— entre nuestro interior y el exterior, y contiene el trauma colectivo no procesado que llevamos dentro. Practicamos el TSG para ayudar a hacer más visible el campo del trauma colectivo, de modo que, paso a paso, podamos empezar a integrar la fragmentación interna que todos llevamos dentro.

En su forma más simple, el TSG es el acto de presenciar, atestiguar, percibir y sentir conscientemente las energías densas de los acontecimientos adversos actuales, ya sea el torrente de noticias alarmantes que se vierten en nuestro telediario o el repentino estallido de la guerra en Europa del Este. El Testimonio Social Global puede iniciarse como una práctica individual o facilitarse en un contexto de grupo, incluso con grupos muy grandes. Y está pensado para usarse muy despacio, gota a gota; como terapeutas, nos ocupamos de los acontecimientos adversos actuales uno por uno.

Para abordar el trauma, debemos ir a su raíz. Tenemos que hacer consciente lo que es inconsciente. Debemos elegir notar, sentir y digerir esas energías a las que instintivamente nos resistimos, esas energías que reprimimos, evitamos, repudiamos y negamos. El Testimonio Social Global es una práctica para *estar con* las energías difíciles de los acontecimientos traumáticos a gran escala que ocurren en el mundo que nos rodea: las guerras en curso en países como Afganistán, Siria, Yemen, Etiopía y otros; la creciente violencia de los cárteles en América Central y del Sur; los continuos disturbios civiles, la violencia armada y las violaciones de los derechos humanos en Burkina Faso, Camerún, Myanmar, la República del Congo y otros países; la opresión y el genocidio del pueblo *uigur* de China; y muchas otras heridas humanas y planetarias que reclaman nuestro cuidado y atención. Sin nuestro cuidado y atención, estos traumas complejos seguirán adelante sin cesar. Los derechos humanos solo pueden ser respetados y preservados a través de relaciones genuinas. La falta de auténticas relaciones es lo que posibilita la violación de los derechos humanos.

El Testimonio Social Global es una forma de indagación dialógica —definida por un académico como "la caja de herramientas del discurso en la actividad de aprendizaje"—[12] en la que, juntos, estamos presentes en el campo colectivo para atender a los acontecimientos mundiales con una conciencia encarnada. En la práctica, el TSG es un modelo que nos permite hacer visibles las fuerzas invisibles que influyen en nuestras vidas para que podamos comprenderlas y transformarlas.

PRÁCTICA: TESTIMONIO SOCIAL GLOBAL

Busca una noticia inquietante de la actualidad —por ejemplo, un titular o un artículo— para iniciar esta práctica. Debe tratarse de una información que sea difícil o produzca disgusto, sin ser demasiado abrumadora. La noticia que elijas podría ser sobre un tiroteo en un colegio, un acto de violencia local o una historia sobre el cambio climático, algo que te parezca importante para centrarte en ello.

Ahora, siéntate y, mientras lees el titular de la noticia, examina tu cuerpo y fíjate en las sensaciones, sentimientos, imágenes o impresiones que surjan. ¿Lees el titular intelectualmente pero te sientes emocional o físicamente insensible o desconectado? ¿Experimentas que se ha activado algún miedo, estrés o malestar? ¿O notas una sensación de conexión sentida con el suceso?

El objetivo de esta práctica no es poder sentir o percibir el acontecimiento, sino ver nuestras limitaciones. Practicamos la TSG para ser conscientes de nuestro "límite", de dónde se detiene la capacidad de ser testigos encarnados.

El final de tu capacidad de sentir y percibir marca el comienzo del inconsciente colectivo o de la ausencia colectiva. La naturaleza abrumadora de la información reduce la función del testimonio colectivo, o presencia, de modo que la energía de estos sucesos no se procesa ni se reconcilia y debe, por tanto, repetirse.

El uso generalizado de Internet y de los dispositivos móviles nos hace pensar que estamos superinformados, pero lo más común es el entumecimiento, la ausencia y sentirse abrumado. Estas respuestas al trauma colectivo nos impiden metabolizar plenamente la información recibida. Sin embargo, todos podemos ser más conscientes de cómo consumimos las noticias e involucrarnos en la Práctica de Tres Sincronías mientras lo hacemos.

La práctica del TSG también puede ser poderosa en grupos, donde los miembros comparten su experiencia interna con otros que aportan su sintonía, presencia y testimonio al conjunto.

El Testimonio Social Global nos invita a alinear nuestro interior individual con un contenedor colectivo e intersubjetivo más amplio. Cuando practicamos, nuestra intención compartida es sintonizar con nosotros mismos y con los demás, con los mundos interno y externo al mismo tiempo. La práctica del TSG refuerza nuestra capacidad de acoger al Otro en nuestro interior, de abrazar al Otro con un corazón compartido. A través de la práctica del TSG, nos convertimos en ciudadanos globales más maduros, mejor equipados para cocrear nuevas ideas y enfoques a fin de transformar las energías densas de la perturbación en la vitalidad de la futura innovación.

Como ciudadanos globales, nos corresponde expresar la ciudadanía global. También debemos reconocer la responsabilidad fundamental humana que compartimos, que es la práctica de hacer conscientes las energías oscuras del sufrimiento humano para que puedan ser digeridas, integradas y devueltas al flujo vital del potencial futuro. Los estados deben abordar las heridas sociales creadas por la guerra, el colonialismo, el racismo, el antisemitismo, la violencia de género y la degradación medioambiental. Cuando este trabajo se hace en serio, restablece el flujo de luz, o la conciencia despierta, en el cuerpo colectivo y hace posibles sociedades más sanas y sostenibles.

Gus Speth, abogado medioambientalista estadounidense y antiguo asesor principal de Estados Unidos sobre el cambio climático, ha declarado: "Solía pensar que los principales problemas medioambientales eran la pérdida de biodiversidad, el colapso de los ecosistemas y el cambio climático. Y pensaba que treinta años de buena ciencia podrían resolverlos. Me equivocaba. Los principales problemas medioambientales son el egoísmo, la avaricia y la apatía, y para abordarlos necesitamos una transformación cultural y espiritual".[13]

Por supuesto, Speth tiene razón, aunque es importante señalar que, en realidad, el egoísmo, la avaricia y la apatía que menciona solo son *síntomas* del problema mayor, que es nuestra sombra colectiva sin abordar y el trauma colectivo no curado. Nuestra voluntad de despertar, experimentar y transformar estas causas profundas es lo que crea la transformación cultural y espiritual que Speth prescribe.

Podemos pensar en el sistema inmunitario global como en una capacidad de resonancia refinada. Representa la sabiduría más esencial, antigua y evolutiva para hacer frente a los aspectos reactivos mentales, emocionales y psicosociales que surgen en nuestro interior como respuesta a los residuos traumáticos y a los trastornos que nos rodean.

Independientemente de lo lejos que estemos físicamente de los disturbios o atrocidades que se están produciendo en Ucrania, Yemen, Etiopía, Haití, Myanmar, Israel, Palestina y otros lugares, no dejan de afectarnos. Y es precisamente porque estos acontecimientos nos afectan por lo que tenemos el poder de ayudar a cambiarlos. La curación colectiva comienza con la reacción inmune, con las experiencias que surgen en nuestro interior cuando nos enfrentamos a las realidades sobre el terreno o en los informes de los medios de comunicación y a las imágenes compartidas durante los conflictos activos. Incluso como observadores distantes, podemos sentirnos perturbados y activados por estos acontecimientos, lo cual puede manifestarse de muchas formas: miedo, terror, rabia, indignación, insensibilidad o cierre.

Sin embargo, tenemos la capacidad de *sentir* y *observar* simultáneamente nuestros sentimientos y reacciones, lo que nos permite digerir e integrar cierta medida de la energía general del trauma. Esta es la respuesta inmunitaria colectiva en su estado más consciente y participativo. Y es vitalmente urgente que aprendamos a involucrarnos en la autocuración colectiva.

El sistema inmunitario global es el órgano a través del cual nos sentimos activados ante una perturbación en el campo, pero también es el instrumento a través del cual podemos sintonizar más conscientemente con el mundo que nos rodea para integrar esa perturbación y restablecer el equilibrio del sistema vivo. Solo hace falta que se comprometa un pequeño número de nosotros —una masa crítica, si se quiere— antes de que se establezca un nuevo nivel de coherencia colectiva en resonancia simpática, sonando como un diapasón en todo el campo e invitando al mundo entero a unirse.

INTEGRACIÓN DEL TRAUMA COLECTIVO PARA LA SANACIÓN DEL MUNDO

Muchos están empezando a reconocer las formas en que el trauma personal no sanado puede dañar el desarrollo y manifestarse a largo plazo como sufrimiento y problemas relacionales. Lo que quizá no se comprenda tan bien es cómo los traumas colectivos no abordados suponen una carga similar para la salud y el desarrollo de las comunidades humanas, las culturas, las organizaciones, las instituciones y las sociedades. En la medida en que observamos lesiones, desequilibrios, corrupción o decadencia en nuestras escuelas, instituciones religiosas, empresas, sistemas sanitarios, infraestructuras y medio ambiente, estamos viendo el impacto más amplio de las heridas colectivas no tratadas.

Como escribí en *Sanar el trauma colectivo*, creo que los traumas sistémicos y multigeneracionales no resueltos retrasan el desarrollo de la familia humana, dañan el mundo natural e impiden la evolución superior de nuestra especie. *No* abordar las heridas ocultas del cuerpo humano colectivo es poner nuestro planeta aún más en peligro y la supervivencia de nuestra propia especie en grave riesgo.

No abordar las heridas ocultas del cuerpo humano colectivo es poner nuestro planeta aún más en peligro y la supervivencia de nuestra propia especie en grave riesgo.

A lo largo de muchos años facilitando procesos de cambio de grupos, incluidos los realizados entre grandes grupos de alemanes e israelíes —dos grupos con un legado bien conocido de relaciones traumáticas—, llegué a un método para guiar a las personas a realizar un proceso profundamente curativo basado en la conciencia, el Proceso de Integración del Trauma Colectivo (CTIP).[14] La metodología en la que se basa el CTIP se ha desarrollado gracias al esfuerzo sincero y esclarecedor de cada uno de los participantes —y ya van muchos miles—, a la dedicada ayuda terapéutica de aquellos que se han unido a mí en el proceso de facilitación y al cuidadoso estudio de la investigación pionera y de la innovadora ciencia del trauma.

Del capítulo 8 recordarán que el objetivo del CTIP es ayudarnos a presenciar, experimentar e integrar nuestros traumas culturales e históricos compartidos. El núcleo del CTIP, el primer y más fundamental ingrediente necesario para el cumplimiento de ese objetivo, es la coherencia relacional del grupo. Todo depende de la cohesión del grupo, que no es lo mismo que la "igualdad" de los participantes y no depende de la familiaridad entre sus miembros. La coherencia relacional es una expresión de la intención compartida y de la conciencia encarnada, y es un producto de la facilitación experta. Cuando emerge la verdadera coherencia, la inteligencia o sabiduría colectiva superior del grupo se activa y toma forma de maneras que no podríamos planificar o construir de antemano. De este modo, el CTIP es un proceso fundamentalmente *emergente* de conciencia de grupo, relación mutua y testimonio compartido. Podríamos pensar en él como una práctica del "espacio nosotros", porque lo es.

El modelo de la CTIP se desarrolla a lo largo de seis etapas u olas fundamentales:

> **Primera ola:** se crea y se mantiene la coherencia relacional a través de la conciencia corporal y la facilitación transpersonal guiada.

> **Segunda ola:** a medida que nos hacemos presentes en el campo con la intención de sentir el trauma colectivo, empiezan a aflorar los síntomas de negación o represión del trauma en los miembros del grupo. Por ejemplo, algunas personas pueden empezar a bostezar o a perder la concentración. Otras pueden notar que tienen sueño o incluso que están irritables. Estas cualidades se entienden como síntomas de nuestra resistencia al trauma. Cuando aparecen síntomas entre los participantes del grupo, los tomamos en

cuenta suavemente con el objetivo de permanecer presentes ante cualquier cosa que surja.

Tercera ola: conforme se procesa y se limpia la energía de la resistencia, puede entrar otra ola de energía nueva y más poderosa. Esta ola suele adoptar la forma de una erupción de energía relacionada con el trauma colectivo que nos hemos reunido para abordar. Es posible que los participantes sientan emociones fuertes y que afloren recuerdos históricos o ancestrales grupales.

Cuarta ola: a medida que procesamos juntos estas energías, algunos participantes se convierten en un conducto para que el pasado colectivo sea expresado, reconocido y atestiguado por el conjunto. Juntos rastreamos la especificidad de estas voces individuales y colectivas, que clarifican nuestro trabajo y ayudan a guiarnos en el proceso.

Quinta ola: (trabajo en grupos pequeños) se dirige a los participantes en la Práctica de Tres Sincronías para alinear el cuerpo, la mente y las emociones. Comienza el trabajo de integración grupal.

Sexta ola: (metaproceso) los grupos pequeños vuelven a reunirse en el grupo mayor para seguir compartiendo, dar testimonio transpersonal y fomentar la integración grupal.

Para que el CTIP se realice de forma segura y eficaz, se cuenta con asistentes cualificados que ayudan a cualquiera que se sienta abrumado por las emociones que pueden aflorar. Cuando facilito grupos de CTIP, los terapeutas entrenados que trabajan a mi lado están siempre presentes y disponibles para ofrecer a quien lo necesite o desee un apoyo individualizado hasta que se sienta preparado para volver al grupo. Esto es esencial para dirigir de manera ética la integración del trauma grupal.

Lo anterior es una descripción muy condensada de una práctica grupal de presencia mucho más profunda. La facilitación del CTIP suele durar varios días, porque un proceso de esta envergadura requiere atención y tiempo; no suele adaptarse al deseo de soluciones rápidas característico de la cultura contemporánea. Me han pedido que envíe artículos a los medios de comunicación convencionales del tipo "Cinco pasos sencillos para curar el trauma comunitario". Ojalá fuera tan sencillo. El trabajo profundo rara vez puede hacerse en una sola tarde. Aun así, siempre es una lección de humildad ser testigo de la curación que es posible lograr en solo una semana, sobre todo teniendo en cuenta la escala histórica de las heridas que nos reunimos para tratar.

El modelo CTIP se desarrolló teniendo en mente la ciencia del trauma, y se ve facilitado por los principios siguientes:

La prevención es nuestro primer objetivo. A medida que comprendamos mejor la naturaleza y los efectos del trauma colectivo, podremos alinearnos más eficazmente como sociedad global para prevenir las alteraciones sistémicas que conducen a este fenómeno.

Debemos a las generaciones futuras el abordar el trauma colectivo de nuestro mundo actual. Debemos estar dispuestos a examinar cómo se superponen los traumas ancestrales, históricos y transgeneracionales, y cómo operan a nivel del inconsciente colectivo, incluyendo cómo dan forma a muchos de nuestros conceptos sociales, hábitos y acuerdos culturales no cuestionados.

Los efectos a largo plazo del trauma colectivo no siempre son evidentes y su origen no siempre está claro. Muchas de las consecuencias no aparecen inmediatamente después del suceso traumático, sino que se desarrollan a lo largo del tiempo. Asimismo, el origen del trauma no siempre es evidente, como en el caso de una catástrofe natural o un conflicto armado. Más bien, es posible que haya múltiples y complejos factores sociales que se manifiesten a lo largo del tiempo y contribuyan al trauma comunitario, como prácticas policiales perjudiciales, sistemas educativos o sanitarios deficientes, o comunidades en crisis y sobrecargadas. —Por ejemplo, las comunidades históricamente traumatizadas a menudo son las primeras y más afectadas por el cambio climático y/o se encuentran indebidamente abrumadas por problemas de injusticia medioambiental—.

Debemos prestar especial atención y aprender del sufrimiento —y la sabiduría— de los grupos históricamente traumatizados. Aunque no es responsabilidad de estos grupos educar a los demás, podemos colaborar de formas que beneficien al todo, especialmente allí donde los esfuerzos sinceros hacia la justicia reparadora son bienvenidos y efectivos.

Aunque los efectos del trauma no resuelto pueden ser severos, todos los pueblos y sistemas colectivos humanos tienen incorporado un mecanismo de curación. Cuando se ofrece un contexto relacional seguro y consciente, y se presta una atención informada sobre el trauma, puede desarrollarse la curación y las experiencias traumáticas pueden transformarse en resiliencia, fortaleza, sabiduría y un mayor despertar comunitario.

Aprender todo lo que podamos sobre las repercusiones a corto y largo plazo de los traumas en las personas, las familias, las comunidades y las sociedades nos ayuda a prepararnos para mitigar futuras crisis y manifestar nuevas posibilidades radicales. Las personas, las comunidades y las culturas informadas sobre los traumas están mucho mejor preparadas para transformar las fuerzas culturales y las estructuras sociales que, de otro modo, fomentarían nuevos traumas.

En esencia, la CTIP es una herramienta colectiva para percibir el campo vivo de la conciencia y cohesionar el pasado fragmentado. Este trabajo puede ayudarnos a hacer algo más que curar viejas heridas: puede despertar en nosotros capacidades humanas radicalmente nuevas e invitarnos a disfrutar más plenamente los dones del ser y del devenir, cuyo resultado es la realización de una unidad más profunda y de un nuevo y vibrante espacio de inteligencia colectiva y desarrollo humano.

RECURSOS ANCESTRALES

Cuando el trauma de un individuo o una comunidad es particularmente grave, la perspectiva de un cambio curativo puede parecer lejana o incluso imposible. Sin embargo, cualquier limitación en el potencial de curación es en sí misma una distorsión, porque el cuerpo de cada ser humano vivo contiene la comprensión y la inteligencia acumuladas durante incontables milenios.

En un sentido muy real, tus ancestros están presentes dentro de ti. Sin su existencia, no estarías aquí. Y si bien es cierto que pueden haberte transmitido sus traumas no resueltos, no es menos cierto que su fuerza y resistencia, sus dones y talentos, su sabiduría y perspicacia están ahora dentro de ti. Recuérdalo a medida que avances en el empeño de la sanación ancestral —en tu nombre o en el de otros— y apóyate en estos recursos cuando los necesites.

Considera las palabras de la autora Ella Frances Sanders en su libro bellamente ilustrado *Eating the Sun: Small Musings on a Vast Universe*:

> El carbono que llevas dentro, que representa aproximadamente el 18% de tu ser, podría haber existido en cualquier cantidad de criaturas o desastres naturales antes de encontrarte a ti...
>
> Como ves, después de todo no eres tan blando; eres roca y olas y la corteza desprendida de los árboles; eres mariquitas y el olor de un jardín después de la lluvia. Cuando das un paso adelante, llevas contigo la cara norte de una montaña.[15]

Es cierto. Y ni siquiera el más fracturado, roto y traumatizado de nosotros es menos que una montaña o una estrella.

CRECER HACIA LA LUZ

He descrito lo que yo llamo "la luz del futuro", la brillante radiación de lo Divino que se derrama en profundos momentos de espaciosa presencia e ilumina nuevos y profundos potenciales de creatividad y cambio sanador. Este es el *verdadero* futuro, muy diferente de los "mañanas" que planeamos, pero que vivimos como meras repeticiones de patrones pasados y ayeres sin resolver.

Como sabrán todos los jardineros domésticos, las plantas y las flores son heliotrópicas; tienden a crecer en la dirección de la luz solar que les da vida. Si colocas una planta de interior cerca de una ventana, pronto sus hojas y ramas se orientarán hacia la luz entrante. David L. Cooperrider, autor y cofundador de la teoría de la Indagación Apreciativa, ofrece la "intrigante sugerencia de que los sistemas humanos son, en gran medida, de carácter 'heliotrópico', lo que significa que muestran una tendencia observable y en gran medida automática de evolucionar hacia imágenes anticipatorias y positivas del futuro".[16] Según Cooperrider, "los sistemas sociales evolucionan hacia las imágenes más positivas que tienen de sí mismos, hacia lo que les da vida y energía". Eso es lo que nos ofrece la luz de futuros más verdaderos y bellos. Ir hacia la luz es algo que nos debemos a nosotros mismos, a los demás y al planeta sagrado que llamamos hogar. Crecer *hacia* ella.

Imaginemos el aspecto que podría tener el mundo si lo hiciéramos: un mundo en el que nuestras instituciones, organizaciones y ecosistemas naturales sean expresiones de resiliencia y equilibrio. Un mundo en el que practicamos la inteligencia colectiva y la sabiduría relacional, y en el que creamos comunidades justas, participativas y equilibradas. Un lugar en el que respondamos con prontitud y responsabilidad como padres, socios, líderes y ciudadanos. Un lugar en el que los profesores, los profesionales de la medicina, los socorristas y otras personas reciban apoyo y cuidados, del mismo modo que ellos apoyan y cuidan a sus comunidades. Un mundo en el que consideremos que la naturaleza es sagrada y actuemos para proteger los ecosistemas naturales y los recursos. Un mundo en el que trabajemos para disipar la escasez y corregir o reparar los desequilibrios económicos y sociales, restaurando el lugar sagrado de cada individuo dentro de un todo más amplio.

Como hemos explorado a lo largo de este libro, la sintonización es el acto de traer más luz: más conciencia, espacio y presencia para dar coherencia a la relación y potenciar o reparar la función de autocuración. La sintonización colectiva es el acto de aportar más luz al campo social para cohesionar la red más amplia de relaciones y restablecer el equilibrio en la gran cadena de familias, comunidades, culturas y naciones humanas, cada vez más complejas, tal vez cumpliendo lo que Teilhard de Chardin describió como "un sistema cuya unidad coincide con un paroxismo de complejidad armonizada".[17]

Esa es la deslumbrante visión del futuro de la humanidad que sostengo como una luz que me guía.

También he descrito lo que creo que son nuestros derechos humanos innatos: ser, devenir y pertenecer. Por supuesto, estos derechos sagrados conllevan una gran responsabilidad: el deber de actuar en consonancia con la salud de todos los seres. Vivimos en una época de asombrosa agitación e inimaginables promesas. Los retos profundamente complejos a los que nos enfrentamos —problemas sociales, conflictos geopolíticos, la amenaza existencial del cambio climático planetario— exigen un nuevo nivel de colaboración humana. Cada uno de nosotros tenemos la oportunidad de participar en este trabajo vital, de aportar nuestra parte de luz y coherencia curativa a un mundo en lucha. Este trabajo nos pide que ampliemos nuestra forma de percibir y de relacionarnos con la perturbación y el desorden, los residuos de traumas pasados dentro de nosotros y a nuestro alrededor, y que ampliemos nuestra forma de percibirnos y relacionarnos unos con otros. Este momento es una oportunidad sagrada para crear comunidades y culturas más resilientes, fuertes y sensibles, resistentes y flexibles, curiosas y sabias a fin de afrontar los retos globales y actuar con un nuevo nivel de concordia y creatividad para abordarlos.

Al asumir nuestra sagrada responsabilidad de integrar el trauma, eliminamos, de hecho, nuestra parte del campo traumático colectivo, reduciendo así la carga de sufrimiento de los demás. Esto no es solo algo que algunos de nosotros deberíamos hacer; es un trabajo que todos los que somos conscientes y capaces *debemos* hacer.

Te ruego que lo intentes.

EPÍLOGO

Más allá de cualquier técnica, lo que cura son las relaciones.
— LEWIS MEHL-MADRONA

Los seres humanos somos contadores de historias, es decir, creadores de significado. Las historias que contamos sobre quiénes somos, de dónde venimos y las cosas que importan nos proporcionan un rico sentido de pertenencia, comprensión, propósito y dirección. El trauma rompe nuestras historias. Borra la seguridad de las viejas narrativas culturales y daña nuestro sentido de identidad compartida, pertenencia y propósito. Así es como el trauma colectivo produce una crisis de significado.

Antes del trauma, sabíamos quiénes éramos. Nos sentíamos seguros, conectados y con un propósito. Después del trauma, nos sentimos desarraigados, desconectados, inseguros y dubitativos. Para recuperar la sensación de seguridad y propósito, aprendemos a replantear nuestra identidad cultural en torno a la historia de sufrimiento y supervivencia compartidos y, tal vez, algún día, en torno a la plenitud. Como escribe Gilad Hirschberger, catedrático de psicología social y política de la Universidad Reichman en Israel:

Para las víctimas, el recuerdo del trauma puede ser útil para la supervivencia del grupo, pero también aumenta la amenaza existencial, lo que impulsa la búsqueda de sentido y la construcción de un yo colectivo transgeneracional. Para los agresores, el recuerdo del trauma supone una amenaza para la identidad colectiva que puede afrontarse negando la historia, minimizando la culpabilidad por el mal cometido, transformando la memoria del suceso, cerrando la puerta a la historia o aceptando la responsabilidad.[1]

Continuar negando las verdades históricas aniquila aún más a los grupos de supervivientes; es una retraumatización terrible. Pero la negación es también un acuerdo inconsciente para detener o retroceder en el propio crecimiento y desarrollo. Al aceptar la responsabilidad, los autores del trauma colectivo o sus descendientes rompen con la narrativa condicionada y, en última instancia, se desidentifican del antiguo concepto grupal que tenían de sí mismos. Encuentran un sentido renovado de estima grupal al volver a contar sus historias comunitarias con propiedad, responsabilidad, verdad; con mayor comprensión e inclusión. Así se crean nuevos significados y propósitos, junto con nuevas historias, desde una posición de responsabilidad hacia los traumatizados, hacia la cultura en general y hacia sus futuros descendientes. Como escribe Hirschberger, "se trata de un proceso de construcción de la identidad que abarca el sentido de la autoestima, la continuidad, el carácter distintivo, la pertenencia, la eficacia y, en última instancia, un sentido del significado".[2]

Cuando podemos sentirnos en relación activa con los demás y con nuestro entorno natural, nuestras mentes se convierten en los instrumentos a través de los cuales el Espíritu expresa su belleza.

El trauma en sí mismo es una condición de ausencia: ausencia de seguridad, apoyo, recursos y amor suficientes. Ausencia de relaciones encarnadas. Así pues, en momentos de trauma, lo que más se necesita es generosidad, seguridad, presencia, sintonía, cuidado y relación encarnada. Estas son las cosas que nos permiten crear significado, nuevos desarrollos, y extraer sabiduría de nuestro trauma.

Esta sabiduría conlleva la capacidad de sintonizar más profundamente y retener algo más del mundo dentro de ti, y con esto me refiero a la capacidad de mantener la relación con el mundo que hay dentro de ti y con el que hay fuera de ti. Mantener el espacio del mundo de otro dentro de ti es un acto profundamente íntimo y totalmente relacional. Fundamentalmente, es una expresión de amor. A medida que aprendemos a contener algo más del mundo —más de su desorden, de su tristeza, de su confusión, de su belleza— crecemos en nuestra singular capacidad divina de amar.

Cuando podemos sentirnos en relación activa con los demás y con nuestro entorno natural, nuestras mentes se convierten en los instrumentos a través de los cuales el Espíritu expresa su belleza. Y eso es amor, siempre presente y ocurriendo constantemente. En este flujo dinámico, despertamos a nosotros mismos como expresiones luminosas de la Vida, y sentimos —siempre como si fuera la primera vez— nuestra intimidad innata con la sagrada, intemporal y amorosa Presencia encarnada en un cosmos resplandeciente de conciencia. Esto también es amor.

El amor está en el centro de todo. Es la raíz y el corazón, los cimientos y el fuego. Es la fuente de nuestro anhelo más profundo de conectar y relacionarnos, de crecer y sanar, de ser, devenir y pertenecer. Estos son los ingredientes más simples y esenciales de la relación sanadora, y también son su producto final: las capacidades superiores que se nos otorgan como *resultado* de la sanación compartida.

El amor está en el centro de todo.

Creo que estamos llamados a una nueva era del trabajo de sanación, en la que aprendamos a conectar el trabajo de sanación personal con el mapa ancestral y colectivo. Esto exige un movimiento de sanación global que aborde la naturaleza compleja y sistémica del sufrimiento humano y planetario. Para llevarlo a cabo, debemos ir a la raíz; debemos aprender a vernos a nosotros mismos como algo más que individuos separados, algo más que nuestras identidades tribales, políticas o nacionales. Debemos reconocer nuestra relación fundamental de responsabilidad con otros seres humanos y con el mundo natural. Debemos despertar a la naturaleza de nuestra profunda, y profundamente sagrada, interdependencia. *No* despertar ya no es una opción; nuestra supervivencia misma depende de ello.

A medida que la civilización se hace más compleja, las crisis a las que nos enfrentamos son cada vez más graves, más difíciles de resolver y más peligrosas. Sin embargo, la humanidad ha sobrevivido a innumerables épocas de crisis y cambios radicales. Nuestros cuerpos están codificados con la inteligencia de incontables generaciones, con la luz de millones de años de vida. Así que, sean cuales sean los retos que se nos presenten, confío plenamente en que los superaremos.

¡Que abramos nuevos caminos de relación sintonizada e integración sanadora! ¡Que maduremos en una nueva historia de ser, devenir y pertenecer! ¡Que nos apoyemos con valentía en la luz centelleante de nuestro futuro evolutivo y que nos demos cuenta de que ya estamos completos, siempre!

AGRADECIMIENTOS

Este libro nunca podría haberse realizado sin los cientos de miles de personas que han participado, apoyado y contribuido valientemente a mi trabajo durante los últimos más de veinte años. A todos ellos, mi más sincera gratitud. Habéis dado forma de manera vital al trabajo que se describe en este libro.

A todos aquellos cuyo duro trabajo y espíritu de colaboración han ayudado a crear este libro, les debo mi más sincero agradecimiento. Julie Jordan Avritt, gracias de nuevo por aportar tu arte y refinamiento a la redacción de este libro; estoy agradecido por la riqueza de nuestra colaboración. También quiero dar las gracias a Tami Simon por confiar en mi trabajo y a todas las personas de Sounds True que han contribuido a llevarlo a la imprenta, como Jennifer Brown, Sarah Stanton, Gretel Hakanson, Jade Lascelles y Laurel Kallenbach, cuyos lúcidos comentarios han ayudado a dar brillo y pulir las páginas. También me gustaría dar las gracias a Lori Shridhare por su brillante visión editorial y su desinteresada contribución a mi trabajo, y a Amy Fox por su profunda y sincera amistad, así como por su colaboración y apoyo editorial.

Este libro, en particular, y mi trabajo en general se han visto enormemente enriquecidos por la sabiduría, la perspicacia y muchas conversaciones profundas e inspiradoras que he tenido con notables expertos en los campos del trauma y las relaciones humanas. Ofrezco mi más profundo agradecimiento a

Reverend Angel, Kyodo Williams, Kamilah Majied, Ruby Mendenhall, Angel Acosta y Karen Simms por su sabiduría, orientación y colaboración en el trabajo de abordar el trauma racial y profundizar en la diversidad de nuestra comunidad. Su brillantez y generosidad han sido esenciales para desarrollar mi trabajo. También quiero dar las gracias a Eduardo Durán, Peter A. Levine, Gabor Maté, Stephen Porges y Dan Siegel, cuya experiencia en el trabajo con el trauma ha dado forma a mi pensamiento y a mi labor. Gracias por las muchas conversaciones brillantes y por vuestra generosa participación en la Cumbre del Trauma Colectivo.

También quiero dar las gracias a Kosha Joubert, directora general de The Pocket Project, y a todos los miembros del personal y del grupo asesor que ayudan a hacer realidad la misión y la visión de la organización. Vuestro continuo ánimo, compromiso y contribución a la investigación y vuestra comprensión del trauma colectivo son ingredientes vitales para el futuro de la curación colectiva. Mi más sincero agradecimiento también a los miembros del equipo central: Laura Calderón de la Barca, Hilorie Baer, Markus Hirzig y Heidi Wohlhüter por su contribución única en estas páginas y por el trabajo que hacemos juntos. Gracias también a los excepcionales Ute Kostanjevec, Stacey Marvel, Claire Lanyado, Ami Singh, Karen Ben Baruch, Mathias Weitbrecht, Alli Brooks, y a todos los que trabajan con Inner Science, LLC; Sharing the Presence, GmbH; y la Academy of Consciousness Evolution, Ltd. Vuestra maestría y compromiso son una contribución inestimable. Mi agradecimiento también a los muchos mentores y asistentes que han ayudado a producir Timeless Wisdom Training.

Ofrezco mi gratitud a la memoria de Terry Patten. Que descanses en paz, amigo mío. Y tengo una especial deuda de gratitud con mi querido amigo y mentor espiritual, David Ifergan, cuyos grandes dones para la sintonización y la sabiduría mística discurren a gran profundidad.

Por último, mi más profundo agradecimiento a mi esposa, Yehudit Sasportas, y a nuestra hija, Eliya, mis mejores maestras en las artes de la sintonización, la relación profunda y el amor.

NOTAS

INTRODUCCIÓN

1. Joan Halifax, *The Fruitful Darkness: A Journey Through Buddhist Practice and Tribal Wisdom* (San Francisco: Harper-Collins, 1993), xvi.

2. Radhika Deshmukh, et al., "Diverse Metabolic Capacities of Fungi for Bioremediation", *Indian Journal of Microbiology* 56, no. 3 (septiembre de 2016): 247-264.

3. Beatrice Bruteau, *God's Ecstasy: The Creation of a Self-Creating World* (Nueva York: Crossroad, 1997).

4. Cynthia Bourgeault, *Personal Transformation and a New Creation: The Spiritual Revolution of Beatrice Bruteau*, ed. Ilia Delio (Maryknoll, NY: Orbis Books, 2016), 77-78.

5. Hildegarda de Bingen, *Meditations with Hildegarda de Bingen,* ed. Gabriele Uhlein (Santa Fe, NM: Bear & Company, 1982), 41.

6. Thomas Berry, *Evening Thoughts: Reflecting on Earth as a Sacred Community* (Berkeley, CA: Counterpoint, 2015), 17-18.

7. Brigid Brophy, *Black and White: A Portrait of Aubrey Beardsley* (Nueva York: Stein and Day, 1969).

CAPÍTULO 1: PRINCIPIOS ANCESTRALES, PERSPECTIVAS EVOLU-TIVAS

1. Manjit Kumar, *Quantum: Einstein, Bohr, and the Great Debate about the Nature of Reality* (Londres: Icon Books, 2014), 312.

2. Robert Lanza con Bob Berman, *Biocentrism: How Life and Consciousness Are the Keys to Understanding the True Nature of the Universe* (Dallas, TX: BenBella Books, 2010).

3. Malcolm W. Browne, "Far Apart, Two Particles Respond Faster than Light", *The New York Times,* 22 de julio de 1997: C, 1.

4. F. Fröwis, P. C., Strassmann, A. Tiranov y otros, "Experimental certification of millions of genuinely entangled atoms in a solid", *Nature Communications* 8, n.º 907 (2017): 1.

5. Mark DeWolfe Howe, ed., *Holmes-Pollock Letters: The Correspondence of Mr. Justice Holmes and Sir Frederick Pollock, 1874-1932* (Cambridge, MA: Harvard University Press, 2 ed., 1961), 109.

6. Jean Gebser, *The Ever Present Origen*, Primera parte: *Foundations of the Aperspectival World* y Segunda parte: *Manifestations of the Aperspectival World*, trad. Algis Mickunas y Noel Barstad (Athens, OH: Ohio University Press, 2020).

7. David A. Kunin, *Kaddish* (Nueva York: New Paradigm Matrix, 2016), 384.

CAPÍTULO 2: PRINCIPIOS ESENCIALES DEL DESARROLLO HUMANO

1. Peter Levine, *Trauma and Memory: Brain and Body in a Search for the Living Past* (Berkeley, CA: North Atlantic Books, 2015),74-94.

2. Katherine Gould, "The Vagus Nerve: Your Body's Information Superhighway", *LiveScience* (12 de noviembre de 2019), consultado en enero de 2020, tinyurl .com /tbdchcg.

3. Sarah Beutler, et al. "Trauma-related dissociation and the autonomic nervous system: a systematic literature review of psychophysiological correlates of dissociative experiencing in PTSD patients", *European Journal of Psychotraumatology* 13:2 (noviembre de 2022), doi: 10.1080/20008066.2022.2132599.

4. Stephen W. Porges, "The polivagal perspective", *Biological Psychology* 74, nº 2 (febrero de 2007): 116-143.

5. "Tend-and-befriend response", *APA Dictionary of Psychology,* American Psychological Association (2018), consultado en enero de 2020, tinyurl .com /thkyqwh.

6. George Santayana, *Reason in Common Sense: The Life of Reason, Volume 1* (Mineola, NY: Dover Publications, 1980).

CAPÍTULO 3: EL ARTE DE LA SINTONIZACIÓN
1. Daniel J. Siegel, *Mindsight: The New Science of Personal Transformation* (Nueva York: Bantam Books, 2010), 10, 27.
2. Jini Patel Thompson, "Hawks vs. Horses for Human Therapy & Energy Training", vídeo de YouTube, 35:01, publicado el 10 de noviembre de 2019, youtube .com /watch ?v = jfJ7aRqZJKg.

CAPÍTULO 4: EL ARTE DE LA COMUNICACIÓN TRANSPARENTE
1. Rupert Sheldrake, *Dogs That Know When Their Owners Are Coming Home* (Nueva York: Random House, 1999), 303.
2. John Hogan, "Scientific Heretic Rupert Sheldrake on Morphic Fields, Psychic Dogs, and Other Mysteries", *Scientific American* blog (julio de 2014), tinyurl .com /ybsknytg.
3. Peter Senge, Otto Scharmer, Joseph Jaworski, Betty Sue Flowers, "Awakening Faith in an Alternative Future", *Reflections: Society for Organizational Learning Journal* 5, nº 7 (2004), 3.
4. Robin Wall Kimmerer, *Gathering Moss: A Natural and Cultural History of Mosses* (Corvallis, OR: Oregon State University Press, 2003), 11.
5. Cynthia Bourgeault, *Personal Transformation and a New Creation: The Spiritual Revolution of Beatrice Bruteau,* ed. Ilia Delio (Maryknoll, NY: Orbis Books, 2016), 85.
6. Sheldrake, *Dogs That Know*, 24.
7. Robert Lanza, *Beyond Biocentrism: Rethinking Time, Space, Consciousness, and the Illusion of Death* (Dallas, TX: BenBella Books, 2016), 153, 73.
8. Richard Tarnas, *Cosmos and Psyche: Intimations of a New World View* (Nueva York: Viking/Penguin Group, 2006), 448.

CAPÍTULO 5: PRESENCIAR LA SOMBRA
1. Christopher Uhl, *Developing Ecological Consciousness* (Washington, DC: Rowman and Littlefield Publishers, 2013), 206.

2. Edward Edinger, *Transformation of God-image: An Elucidation of Jung's Answer to Job* (Scarborough, ON: Inner City Books, 1992), 70-71.

3. Marcie Boucouvalas, *Creativity, Spirituality, and Transcendence: Paths to Integrity and Wisdom in the Mature Self,* eds. Melvin Miller y Susanne Cook-Greuter (Stamford, CT: Ablex Publishing, 2000), 210.

4. Beena Sharma, "Midwifing the New Unity", UnityLeaders. org (marzo de 2013), consultado en agosto de 2020, tinyurl. com/y3hd3tuh.

5. "Embodied Cognition", *Stanford Encyclopedia of Philosophy* (junio de 2011), consultado en julio de 2021, tinyurl .com /zpj4ck4d.

6. Ana Lucía Valencia y Tom Froese, "What binds us? Inter-brain neural synchronization and its implications for theories of human consciousness", *Neuroscience of Consciousness* 6, no. 1 (2020), doi: 10.1093/nc/niaa010.

7. Jorge Ferrer, *Revision of Transpersonal Theory: A Participatory Vision of Human Spirituality* (Albany, NY: State University of New York Press, 2002), 2-3.

CAPÍTULO 6: EL IMPACTO DEL TRAUMA

1. Janna Levin, *Black Hole Survival Guide* (Nueva York: Knopf, 2020), 5.

2. No está claro el número de hombres, mujeres y niños que sobrevivieron en el transporte de Primo Levi de Italia a Auschwitz. Algunas fuentes afirman que Levi solo fue uno de tres; la mayoría estiman que veinte. Berel Lang, autor de *Primo Levi: The Matter of a Life* (New Haven, CT: Yale University Press, 2013), afirma que sobrevivieron veinticuatro.

3. Primo Levi, *The Reawakening*, trad. Stuart Woolf (Londres: The Bodley Head, 1965), 207.

4. Elie Wiesel, "Con l'incubo che tutto sia accaduto invano" ["Con la pesadilla de que todo sucedió en vano"], *La Stampa*, Turín, 14 de abril de 1987, 3.

5. William Faulkner, *Requiem for a Nun* (Nueva York: Vintage Books, 1951), 73.

6. "¿Qué es el trauma psicológico?", Penn Center for Trauma Response and Recovery, Perelman School of Medicine, University of Pennsylvania, consultado el 16 de febrero de 2023, mentalhealth.cityofnewyork.us/wp-content/uploads /2021 /04/033121-TraumaSupport -Guide -FINAL.pdf.

7. Peter A. Levine, *Healing Trauma: A Pioneering Program for Restoring the Wisdom of Your Body* (Boulder, CO: Sounds True, 2008), 2.

8. Peter Levine, *Healing Trauma*, 13.

9. "Child Trauma Effects", The National Child Traumatic Stress Network, consultado el 1 de enero de 2020, tinyurl.com/yanccf5n.

10. Clara Mucci, *Beyond Individual and Collective Trauma: Intergenerational Transmission, Psychoanalytic Treatment, and the Dynamics of Forgiveness* (Nueva York: Routledge, 2013), 2.

11. Werner Bohleber, "Rememberance, trauma and collective memory: The battle for memory in psychoanalysis", *The International Journal of Psychoanalysis* 88, nº 2 (2007): 335.

12. "ACEs and Toxic Stress", Harvard University Center on the Developing Child, consultado en diciembre de 2020, tinyurl.com/y7nm7ajj.

13. "ACEs and Toxic Stress".

14. Maria Yellow Horse Brave Heart, "The historical trauma response among natives and its relationship with substance abuse: a Lakota illustration", *Journal of Psychoactive Drugs* 35,no. 1 (enero-marzo de 2003): 7.

15. Helen Epstein, *Children of the Holocaust: Conversations with Sons and Daughters of Survivors* (Nueva York: Penguin, 1988), 185-90.

16. Martha Henriques, "¿Can the Legacy of Trauma Be Passed Down the Generations?". *BBC Future*, 26 de marzo de 2019, BBC.com /future /article /20190326 -what-is-epigenetics.

17. Henriques, "Can the Legacy of Trauma Be Passed Down?".

18. Éxodo 34: 6-7 (versión Rey Jacobo).

19. Bessel van der Kolk, Alexander McFarlane y Lars Weisaeth, *Traumatic Stress: The Effects of Overwhelming Experience on Mind, Body, and Society* (Nueva York: Guilford Press, 1996), 4.

20. Cathy Caruth, ed., *Trauma: Explorations in Memory* (Baltimore, MD: Johns Hopkins University Press, 1995), 11.

21. Extracto de una entrevista a Hilorie Baer realizada por Julie Jordan Avritt en noviembre de 2021 sobre el tema del trauma ancestral.

22. Clara Mucci, *Beyond Individual and Collective Trauma* (Nueva York: Routledge, 2013), 4.

23. Kai T. Erickson, *Everything in Its Path: Destruction of Community in the Buffalo Creek Flood* (Nueva York: Simon & Schuster, 1976), 154.

24. George Musser, "The Most Famous Paradox in Physics Nears Its End", *Quanta Magazine*, 29 de octubre de 2020, consultado el 1 de enero de 2021, tinyurl.com /yxdcoscf.

CAPÍTULO 7: EL PODER DE LA RELACIÓN SANADORA

1. Lao Tse, *Tao Te Ching*, trad. Stephen Mitchell (Nueva York: HarperPerennial, 1988), 63.

2. Daniel Siegel, *Mindsight* (Nueva York: Bantam, 2010), 9-10.

3. Introducción a *Multisystemic Resilience*, ed. Michael Ungar. Michael Ungar (Oxford University Press, 2001), 1.

4. Richard Tedeschi y Lawrence Calhoun, "Posttraumatic Growth: Conceptual Foundations and Empirical Evidence", *Psychological Inquiry* 15, nº 1 (2004): 1-18.

5. Lao Tse, *Tao Te Ching*, 25.

CAPÍTULO 8: GUÍA PARA FACILITADORES DE LA SANACIÓN

1. Andreas Weber, "Skincentric Ecology", *Minding Nature* 14, n.º 1 (primavera de 2021), humansandnature.org /skincentric-ecology.

2. Andrew Garner y Michael Yogman, "Preventing Childhood Toxic Stress: Partnering with Families and Communities to Promote Relational Health", Policy Statement, *American Academy of Pediatrics* 148, nº 2 (2021).

3. Garner y Yogman, "Preventing Childhood Toxic Stress".

4. *The Surgeon's Cut: Saving Life Before Birth*, dirigida por Andrew Cohen y James Van der Pool, BBC Studios para Netflix, 2020.

5. Mi libro sobre esta última categoría, *Sanar el trauma colectivo*, fue publicado por Gaia Ediciones en 2021, por lo que en este capítulo solo trataré brevemente los conceptos de esa obra.

6. El Dr. Gabor Maté apareció en la película *The Wisdom of Trauma*, dirigida por Zaya y Maurizio Benazzo, Science & Nonuality (2021), 16:18 min.

7. J. F. Le Goff, "Boszormenyi-Nagy and Contextual Therapy: An Overview", *The Australian and New Zealand Journal of Family Therapy* 22, no. 3 (2001): 147-57.

8. Arnold Mindell, *River's Way: The Process Science of the Dreambody* (Portland, OR: Deep Democracy Exchange, 2011), 11.

9. Joy Harjo, *Poet Warrior: A Memoir* (Nueva York: W. W. Norton & Company, 2021), 20.

10. Joy Harjo, *Poet Warrior*, 53.

CAPÍTULO 9: LA CURACIÓN ANCESTRAL

1. Birago Diop, "Spirits", en *The Negritude Poets: An Anthology of Translations from the French,* ed., trad. Ellen Conroy Kennedy (Nueva York: Viking Press, 1975), 152-4.

2. Daniel Foor, *Ancestral Medicine: Rituals for Personal and Family Healing* (Rochester, VT: Bear & Company, 2017), 21.

3. Ewen Callaway, "Fearful memories haunt mouse descendants", *Nature*, 1 de diciembre de 2013, nature.com/articles/nature.

4. De "An Indigenous Lens on Psychotherapy as a Soul Healing", una charla del Dr. Eduardo Durán en octubre de 2021 en la Cumbre del Trauma Colectivo 2021: Curación Colectiva en Acción.

5. Harville Hendrix, *Getting the Love You Want: A Guide for Couples* (Nueva York: Henry Holt & Company, 1988).

CAPÍTULO 10: CURACIÓN PARA LA COLECTIVIDAD

1. Jamey Keaten, "UN: 6.5 million people displaced inside Ukraine due to war", *Associated Press News*, 18 de marzo de 2022, consultado el 21 de marzo de 2022, tinyurl .com /26yk3497.

2. "Figures at a Glance", ACNUR: Agencia de la ONU para los Refugiados, consultado en marzo de 2022, unhcr.org /en-us/ figures-at-a-glance.html.

3. "About Refugees", The National Child Traumatic Stress Network (NCTSN), consultado en marzo de 2022, tinyurl.com/ mv7jafu2.

4. "Five Facts on Climate Migrants", Universidad de las Naciones Unidas: Instituto para el Medio Ambiente y la Seguridad Humana, 2015,consultado en marzo de 2022, tinyurl.com /3x7wawxt.

5. Thomas Moore, "A Dark Night of the Soul and the Discovery of Meaning", *Kosmos Quarterly* (primavera/verano de 2015), tinyurl.com/mr3dh76k.

6. El término *Holodomor* se deriva de las palabras ucranianas para hambre, *holod,* y exterminio, *mor.*

7. Anne Applebaum, *Red Famine: Stalin's War on Ukraine* (Nueva York: Doubleday, 2017).

8. Andrea Graziosi, "The Soviet 1931-1933 Famines and the Ukrainian Holodomor: Is a New Interpretation Possible and What Would Its Consequences Be?", *Harvard Ukrainian Studies* 27, nº 1-4: 97-115.

9. Samantha Marriage y Keith Marriage, "Too Many Sad Stories: Clinician Stress and Coping", *The Canadian Child and Adolescent Psychiatric Review* (noviembre de 2005) 14, no. 4 (noviembre de 2005): 114-117.

10. Luke Munn, "Angry by Design: Toxic Communication and Digital Architectures", *Humanities and Social Sciences Communications* 7, no. 53 (2020), doi .org /10.1057 /s41599-020-00550-7.

11. David Seamon y Arthur Zajonc, eds., *Goethe's Way of Science: A Phenomenology of Nature* (Albany, NY: State University of New York Press, 1998), 257.

12. Gordon Wells, *Dialogic Inquiry: Towards a Sociocultural Practice and Theory of Education* (Cambridge, UK: Cambridge University Press, 1999), vii.

13. Gus Speth, *Practicing Sustainability*, ed. Guruprasad Madhavan et al. (Nueva York: Springer Science & Business Media, 2012).

14. Describo el Proceso de Integración del Trauma Colectivo más a fondo en Sanar el Trauma Colectivo.

15. Ella Frances Sanders, *Eating the Sun: Small Musings on a Vast Universe* (Nueva York: Penguin Books, 2019).

16. David L. Cooperrider, "Positive Image, Positive Action: The Affirmative Basis of Organizing", *Appreciative Managementand Leadership: The Power of Positive Thought and Action in Organization* (Nueva York: Crown Cover Publishing, 1999), 2.

17. Teilhard de Chardin, *El fenómeno humano*, (Madrid: Taurus, 1967).

EPÍLOGO

1. Gilad Hirschberger, "Collective Trauma and the Social Construction of Meaning", *Frontiers in Psychology* 9 (agosto 2018): 1441, doi .org /10.3389 /fpsyg.2018.01441.

2. Hirschberger, "Collective Trauma and the Social Construction of Meaning" (El trauma colectivo y la construcción social del significado).

RECURSOS

A continuación figura una lista resumida de publicaciones y cursos (en línea y presenciales) que los lectores de *En sintonía* pueden encontrar útiles.

OBRAS DE THOMAS HÜBL

Hübl, Thomas, con Julie Jordan Avritt, *Sanar el Trauma Colectivo: la integración de nuestras heridas intergeneracionales y culturales*, Madrid: Gaia Ediciones, 2021.

Hübl, Thomas, *The Power of We: Awakening in the Relational Field,* Boulder, CO: Sounds True, 2014. Audio CD.

Hübl, Thomas, *Introduction to Global Social Witnessing,* The Pocket Project, 2022. Vídeo, 55:23 min. Este vídeo de introducción a la práctica del Testimonio Social Global de Thomas Hübl está disponible en pocketproject.org /videos/global-social-witnessing -introduction-mindfully-attending-the-world/.

Hübl, Thomas y Lori Shridhare, "The 'Tender Narrator' Who Sees Beyond Time: A Framework for Trauma Integration and Healing", *Journal of Awareness-Based Systems Change* 2(2) (noviembre de 2022), doi .org /10.47061 /jasc.v2i2.4937. En este artículo se hace referencia al "narrador tierno" como marco de exploración para comprender el papel de la narrativa a la hora de expresar el trauma como parte del proceso de curación, específicamente en entornos de grupo.

Shridhare, Lori, "Collective Action for Collective Healing" (Entrevista con Thomas Hübl), *The Harvard Gazette* (3 de diciembre de 2020). En esta entrevista, Hübl aborda los traumas de la comunidad y del mundo, y cómo repararlos. news.harvard. edu/gazette/story/2020/12/moving-from-individual-to-collective healing/.

OTRAS INVESTIGACIONES
Estas referencias bibliográficas señalan a algunos de los autores e investigadores importantes cuyo trabajo sirvió de base para escribir este libro. Me rindo a su genialidad.

Matoba, Kazuma, (2021), "Global Social Witnessing: An Educational Tool for Awareness-Based Systems Change in the Era of Global Humanitarian and Planetary Crisis", *Journal of Awareness-Based Systems Change* 1(1), 59-74. doi.org /10.47061 / jabsc .v1i1.548.

Matoba, Kazuma, "Measuring Collective Trauma: A Quantum Social Science Approach", *Integrative Psychological and Behavioral Science* (30 de abril de 2022). doi .org /10.1007/ s12124-022-09696-2.

Mollica, Richard F. y Thomas Hübl, "Numb from the news? Understanding why and what to do might help", *Harvard Health* (18 de marzo de 2021). El Dr. Richard Mollica, catedrático de Psiquiatría de la Facultad de Medicina de Harvard, es pionero en la investigación internacional sobre el trauma de los refugiados y director del Programa de Harvard sobre el Trauma de los Refugiados (HPRT) en el Hospital General de Massachusetts. health.harvard.edu/blog/numb-from-the-news-understanding-why-and-what-to-do-may-help-2021031822176.

ESTUDIAR CON THOMAS

Para obtener información sobre cursos en línea, grupos de práctica, programas de postgrado y mucho más, visita:

thomashuebl.com

pocketproject.org

timelesswisdomtraining.com

Para obtener más recursos y una lista de formadores y facilitadores certificados de ITIP, ATIP y CTIP, escribe a Thomas Hübl en thomashuebl.com/contact. Escucha las grabaciones de Thomas guiando las prácticas de meditación de este libro en attunedbook.com.

SOBRE EL AUTOR

Thomas Hübl es un profesor de renombre, facilitador internacional y autor de *Sanar el trauma colectivo: la integración de nuestras heridas intergeneracionales y culturales,* (Madrid: Gaia Ediciones, 2021), cuya obra trata de integrar los conocimientos fundamentales de las grandes tradiciones de sabiduría con los descubrimientos de la ciencia contemporánea.

Paramédico durante nueve años y estudiante de Medicina durante cuatro, Hübl abandonó sus estudios en la Universidad de Viena para pasar cuatro años de retiro. Esto le llevó a un nuevo camino de vida enfocado en enseñar meditación y prácticas basadas en la atención plena.

Desde principios de la década de 2000, Hübl ha impartido cursos, dirigido talleres internacionales y facilitado retiros de sanación a gran escala diseñados para abordar las atrocidades más dolorosas y los traumas colectivos no sanados de la humanidad. Dirigiendo procesos de cambio en grandes grupos, Hübl desarrolló el Proceso de Integración del Trauma Colectivo (CTIP, por sus siglas en inglés), un modelo que promueve el compartir y la reflexión seguros, y favorece la apertura radical, la comunicación transparente, la conciencia plena y el perfeccionamiento de las competencias relacionales. Junto con su esposa, Yehudit Sasportas, cofundó The Pocket Project, una organización sin ánimo de lucro cuya misión es apoyar la investigación y la curación del trauma colectivo en todo el mundo.

Los multitudinarios encuentros de Hübl han reunido a miles de alemanes y judíos de todo el mundo para reconocer, afrontar y curar la sombra cultural dejada por el Holocausto. Y en la última década, sus eventos —celebrados en Estados Unidos, Israel, Alemania, España, Argentina y otros lugares— se han centrado en procesar la traumatización masiva provocada por el racismo, la opresión, el colonialismo, el genocidio, la violencia de género, la crisis climática y otros desafíos históricos y contemporáneos.

Desde 2019, Hübl ha organizado la Cumbre Anual sobre el Trauma Colectivo, que ha reunido a más de cien ponentes y 350.000 participantes de más de 120 países. Thomas también dirige talleres y programas de formación en la Facultad de Medicina de Harvard, en el California Institute of Integral Studies, el Mobius Institute, la Ubiquity University, la Science and Nonduality Conference y el Garrison Institute.

Su organización, la Academy of Inner Science (fundada en 2008), ha puesto en marcha programas de máster y doctorado en cooperación con universidades de Europa y Estados Unidos. Hübl se doctoró en Estudios de Sabiduría por la Ubiquity University en 2022.

La naturaleza interdisciplinar del trabajo de Hübl le ha llevado a asociarse con médicos, psicólogos y terapeutas de Estados Unidos, Alemania, Israel, Canadá y otros países. Estos profesionales se han formado bajo su tutela para aprender competencias que apoyan a sus pacientes y clientes, al tiempo que trabajan para que la atención sanitaria sea más innovadora, empática e informada sobre el trauma.

Como *coach* y asesor, Hübl presta sus servicios a altos dirigentes de organizaciones globales, empresas de consultoría y organizaciones gubernamentales. Forma con regularidad a terapeutas, *coaches,* mediadores y facilitadores, y supervisa continuamente a estos grupos. Si estás interesado en saber más sobre estos servicios o deseas obtener una lista de terapeutas y facilitadores formados, ponte en contacto con nosotros a través de la página de contacto de thomashuebl.com.

Nacido en Austria, Hübl reside en Tel Aviv (Israel) con su esposa, la galardonada artista y profesora israelí Yehudit Sasportas, y su hija, Eliya.

SOBRE LA COAUTORA

Julie Jordan Avritt es una escritora fantasma profesional, colaboradora, *coach* de libros y pensadora integral que trabaja con agentes del cambio global en su misión de inspirar a la humanidad en una época de gran transición. Sus clientes publican en la intersección de la ciencia y la espiritualidad, y han publicado obras en las listas de *bestsellers* del *New York Times* y del *Washington Post.* Vive en el sur de los Apalaches con su hija, Journey, y los dos felinos de su familia, Truman Catpote y Esther, Destructora de Mundos.